U0478716

梦山书系

小学数学教法探微

一种有深度的同课异构研究

林碧珍 编著

海峡出版发行集团 | 福建教育出版社

图书在版编目（CIP）数据

小学数学教法探微：一种有深度的同课异构研究/林碧珍编著.—福州：福建教育出版社，2017.7（2018.10重印）
ISBN 978-7-5334-7597-0

Ⅰ.①小… Ⅱ.①林… Ⅲ.①小学数学课－教学法
Ⅳ.①G623.502

中国版本图书馆 CIP 数据核字（2017）第 027850 号

Xiaoxue Shuxue Jiaofa Tanwei

小学数学教法探微

——一种有深度的同课异构研究

林碧珍 编著

出版发行	福建教育出版社
	（福州市梦山路 27 号 邮编：350025 网址：www.fep.com.cn
	编辑部电话：0591－83726908
	发行部电话：0591－83721876 87115073 010－62027445）
出 版 人	江金辉
印　　刷	福州华彩印务有限公司
	（福州市福兴投资区后屿路 6 号 邮编：350014）
开　　本	710 毫米×1000 毫米 1/16
印　　张	15.75
字　　数	241 千字
插　　页	2
版　　次	2017 年 7 月第 1 版 2018 年 10 月第 2 次印刷
书　　号	ISBN 978-7-5334-7597-0
定　　价	35.00 元

如发现本书印装质量问题，请向本社出版科（电话：0591－83726019）调换。

目 录

第一编 数与代数

1. 教材解读的三重境界///3
2. 法中见理 理中得法///13
3. 以生为本，让复习课别样精彩///23
4. 课堂教学的三重境界///33
5. 关注学情、引探结合，达成有效探究///43
6. 以学定教，自然生成///51
7. 基于学生认知起点，增强教学有效性///59
8. 基于学情分析的目标设定///67

第二编 图形与几何

1. 抓住本质属性 正确理解概念///75
2. 好课多磨///86
3. 几何教学的四部曲///90
4. 把握数学本质 积累活动经验///99
5. 教研相长 重塑经典///110
6. 基于学生认知 提升课堂效率///120

7. 关注新教材变化　增强教学有效性///127

8. 小学数学课堂中的"思辨"///136

9. 细节决定成败///145

10. 抓住数学本质　在异中求同///158

第三编　统计与概率　综合与实践等

1. 让学生们学习有感觉的数学///167

2. 丰富数据感知　发展数据分析观念///175

3. 构建高效的数学"实践活动"课堂///182

4. 数学课堂教学要为学生铺"路"搭"桥"///194

5. 以评促教　构建有效课堂///203

6. "学习共同体",创造数学课堂新风景///217

7. 如何在小学数学教学中渗透数形结合思想///230

8. 借力学科本体知识,解读教材,精准教学///238

第一编 数与代数

数与代数是小学阶段学习的重要内容，在小学数学四大领域中所占的比例最大。它是学生后续学习发展的重要基础，并对其他领域内容的学习产生重要的影响。因此多年来我们都致力于这一部分内容的探索与实践。本部分就数与代数领域经典课的磨课经历以及从中引发的思考加以阐述，相信会对大家进行数与代数领域的教学有所帮助。

教材解读的三重境界

教材的解读可以分为三重境界：读懂、读通和读活。读懂是指基本理解数学文本描述的内容，能较准确地定位该教材内容所承载的数学基础知识与基本技能。读通则是在读懂文本所承载的知识与技能这一明线后，能透过这一明线，深入理解并挖掘隐藏在知识背后的数学思想、数学活动经验等。读活是教材解读的最高境界，是指能根据数学的学科特点，创造性地对教材进行合理的整合，使其更符合学生的认知规律，能更有效地促进学生的发展。

对教材的不同境界的解读，折射到课堂教学中就会产生不同的教学设计和教学效果。下面，笔者选取两节"有余数的除法"的同课异教，以此来分析不同教学设计背后折射的教师对教材不同境界的解读。

"有余数的除法"的同课异构及思考

案例一：教师设计了四个教学环节帮助学生理解余数的意义，并逐步引导学生正确地用有余数的除法算式来表示平均分的过程中有剩余的情况，完成人教版二年级下册第60页例1的教学。

一、比较感知，理解余数的概念

1. 教师为学生设计了两次用小棒摆三角形的活动（第一次用9根摆，第二次用10根摆），在摆的过程中比较两次的结果有什么不同，从而引出在平均分的过程中会出现剩余的情况。

2. 教师引导学生探索怎样用算式来表示刚才摆三角形的过程，并在探索中初步理解余数的概念。

二、再摆小棒，加深对余数的认识

1. 教师再一次为学生设计了摆小棒的活动，让学生从四边形、五边形中选出自己喜欢的图形，用11根小棒摆一摆，并学着用算式来表示摆的过程。

2. 学生操作汇报之后，教师引导他们在比较的过程中，总结提炼，加深对有余数除法的认识，充分感受到平均分有剩余时，可以用有余数的除法算式来表示，并能正确地用有余数除法的算式表示摆四边形和五边形的过程。

三、课堂练习，巩固新知

在教师的指导下，学生完成教材中的做一做，进一步巩固对有余数除法的认识，用有余数的除法算式来表示平均分后有剩余的情况。

四、回顾总结，畅谈收获

案例二：教师在教学时，打破了教材的原有结构，大胆地组合了教材，以用花瓣摆花贯穿全课。学生经历动手操作、大胆猜想、实践检验等过程，不仅理解了有余数除法的意义，同时也在猜想验证、比较观察中自主探索出余数与除数的关系。更重要的是，教师在教学过程中，还适时地引导学生感受了分类、归纳推理等数学思想。

一、创设情境，导入新课

教师为学生创设了用花瓣摆四瓣花的操作情境，并准备了总量不同的花瓣（8片、9片、10片、11片）。教师先让学生利用手中的花瓣摆四瓣花，然后引导学生观察比较摆花结果的不同并分类。学生在操作中感受平均分物体时会有剩余和没剩余两种情况，自然地引出有余数的除法，同时也感悟分类在数学研究中的妙用。

1. 春天到了，公园里的花都开放了，你们看这是几瓣花呢？（出示 3 瓣、4 瓣、5 瓣花，让学生边欣赏边数一数。）

2. 你们看这些花多美啊！你们想自己动手来摆一摆吗？

（1）出示摆花要求。

（2）同桌合作，用信封中的花瓣（8 片、9 片、10 片、11 片）摆四瓣花。

（3）展示不同花瓣数所摆出的不同情况。

（4）根据摆花的不同结果，把上面几种摆法分分类（分为有剩余的和没有剩余的两类）。

（5）小结：看来平均分物体时可能会出现两种情况，有刚好分完的情况，也有不刚好分完的情况。今天这节课我们就来研究这种平均分后有剩余的情况。

二、合作交流，探索新知

1. 教师结合分类，引导学生感受平均分物体时不正好分完，剩余的部分就是余数，帮助学生理解余数的意义。

（1）8 片花瓣，每 4 片摆一朵，可以摆出 2 朵，你能用算式来表示吗？师板书算式，并引导学生说出算式中各数字所代表的意思。

（2）9 片花瓣，每 4 片摆一朵，可以摆出 2 朵，还剩 1 片。用算式怎么表示？为什么还是用除法？这里的除法与前面这个除法最大的不同在哪里？那该怎样用算式表示呢？（生独立思考后和同桌交流讨论。）师重点引导：剩余的 1 片怎么表示？并告诉学生这个剩余的数在除法算式中叫作余数。同时板书课题：有余数的除法。

（3）指导学生读算式，并说说算式所代表的意义。

2. 师生共同合作，探索用算式来表示摆花瓣的结果，帮助学生进一步理解余数的意义，并能用有余数的除法算式来表示平均分后有剩余的情况。

（1）10 片花瓣，每 4 片摆一朵，让学生尝试把摆花的过程用算式来表示。

（2）生汇报：读并说出算式所表示的意义。

（3）11 片花瓣，每 4 片摆一朵，请学生独立用算式表示，并和同桌说一说，你是怎么写的。

3. 教师再一次引导学生观察有余数的除法算式之间的不同，引导学生得出：除数不变，余数会随着被除数的增大而增大的猜想。

(1) 引导学生观察 4 个算式的不同之处。

(2) 引导学生观察有余数的除法，看看有余数的除法算式中又有什么不同？（生：余数越来越大；被除数越来越大。）师引导生观察是哪个的变大引起余数变大。

(3) 师引导猜想：是不是被除数越大，余数也越大？如果有 12 片花瓣、13 片花瓣、14 片花瓣、15 片花瓣，分别可以摆几朵？余数是不是像大家猜想的那样，会越来越大呢？如果不是，那么余数又是几呢？

4. 教师增加了花瓣的总数，引导学生通过再次操作来验证自己的猜想。这个过程，学生不仅实现了对有余数除法的进一步认识，同时也为后续探索余数与除数的关系提供了丰富的资源。

(1) 请学生在练习单上列算式，若感到有困难可以借助提供的花瓣图来圈一圈。

(2) 学生汇报，依次出示算式：

12 片：12÷4＝3（朵）

13 片：13÷4＝3（朵）……1（片）

14 片：14÷4＝3（朵）……2（片）

15 片：15÷4＝3（朵）……3（片）

5. 学生通过操作、观察，发现余数并没有像自己猜想的那样越来越大，而是循环地出现。这一现象再一次引发学生对余数所呈现规律的猜想（余数不会超过3），并自发地提问：为什么余数不可能是 4 片、5 片、6 片、7 片，甚至更多呢？

(1) 验证猜想：刚才大家猜被除数越来越大的时候，余数会越来越大，通过操作，你们发现结果跟刚才所想的一样吗？那你发现余数有什么特点？

(2) 生观察、讨论、交流，余数总是哪些数？为什么余数不可能是 4、5、6，甚至其他数呢？

6. 在不断地猜想和验证的过程中，学生自主探索出余数要比除数小的规律，并能根据自己的操作，合理地解释这一规律存在的道理。

三、巩固新知，拓展延伸

1. 如果用这些花瓣摆五瓣花，你觉得余数可能出现什么情况？
2. 如果用这些花瓣摆三瓣花，你觉得余数可能是什么情况？
3. 把这些花瓣摆成 3 朵花，平均每朵几片花瓣？还剩几片花瓣？

（1）课件展示一堆花瓣，师引导：要摆成 3 朵花，不知道总数，怎么摆？（引导学生平均分时应一份一片、一份一片地分。）

（2）摆到每朵 4 片时，还剩 3 片，够分吗？（引导学生明确够不够分，跟每朵几片无关，而是与平均分几份有关，也就是余数与除数有关而与商没有关系。）

……

同课异构带来的思考：对一线教师而言，读懂教材并不难。正如案例一所呈现的那样，教师在解读教材时能很好地理解教材中例一所描述的内容，准确地定位知识与技能目标。整节课教师能紧紧围绕知识与技能目标设计并展开教学。课堂中学生对有余数除法的相关内容也能准确理解。但与案例二相比较，就不难看出两位教师在教材解读境界上的区别。案例二的教师不仅读懂了教材，还能透过数学知识本身，读出隐藏在数学知识背后的数学思想（分类、推理等）和探索数学知识的经验（大胆猜想—举例验证—得出结论），读通了教材，并且灵活地对教材中的例 1（理解有余数的除法意义）和例 2（探索余数与除数的关系）进行创造性地整合，有效地达成了教学目标。在教学完有余数除法的意义后，教师再一次让学生观察有余数除法的几个算式有什么不同，并引导学生大胆猜想：是不是被除数越大，余数就会跟着越来越大。在此基础上，教师让学生带着猜想进行操作。这样既巩固了对有余数除法的理解，又为余数的变化规律的探索做好铺垫。操作中，学生发现余数的变化是有规律的，总是比除数小，结果与自己的猜想不一致。这一发现引发了学生的有效提问："为什么余数不可能是 4 片、5 片、6 片、7 片，甚至更多呢？"这一问题再一次巩固了学生对有余数除法意义的理解，为探索余数与除数的关系找准了突破口。这样的整合和设计充分展示了读通、读活教材给课堂教学带来的无穷魅力。

教材解读的策略与方法

从前面的分析中不难看出，读通、读活教材对课堂教学的实施有着重要的影响。那么，怎样才能读通、读活教材，并在课堂中呈现呢？

一、立足知识大背景，找准知识之间的联系

要读通、读活教材，首先不能拘泥于每一课时的教材内容，应立足于知识的大背景进行思考。比如在分析"一个数除以小数"这一教学内容时，我们不能仅停留在例题的解读上，要跳出例题看教材，立足于除法这一教学大背景中来分析教材，并思考以下几个问题：除数是小数的除法是建立在哪些知识的基础上进行学习的？这些知识又为除数是小数的除法的学习做了哪些铺垫？通过分析，我们清楚地知道，除数是整数的除法、小数除以整数、商不变的规律，都是学习除数是小数的除法的基础。学习中，学生只需对除数中的小数进行转化，把除数转化为整数，就能解决该问题。因此，隐藏在知识与技能背后的另一重要教学目标就是，这节课需要为学生渗透转化的数学思想，积累出新旧联系的数学活动经验。通过这样的解读，我们明晰：教学不能仅仅满足于让学生理解算理、掌握算法，还应让学生感悟转化的数学思想，并能主动地运用化新为旧的方法，借助商不变的规律把除数是小数的除法转化为除数是整数的除法，从而获得问题的解决。

从上面的分析中不难发现，当我们跳出教材例题，立足于知识的大背景来解读教材时，我们就能深刻地挖掘教材背后所隐藏的数学思想和方法，从而达到读通教材的境界。

此外，我们在解读教材时还要关注知识之间的沟通与联系。数学知识之间大都存在着密切的关系。我们在解读教材时应考虑引导学生用联系的眼光看待这些数学知识，引导学生运用类比的数学思想来探索和发现新知识。比如除法、分数和比之间的联系。我们在解读教材和教学中就要善于抓住这些知识之间的联系和变化，把商的变化规律、分数的基本性质、比的基本性质

这些知识联系起来。如解读分数的基本性质这一教材内容时，我们要把它和商的变化规律进行比较，在教学中引导学生思考"为什么分数的基本性质与商不变的规律如此相似"，从而让学生感受到除法与分数之间存在的联系。当学生会用联系的观点学习时，他们就会感觉数学学习很简单。这样，所有的知识不再是一颗颗零散的珍珠，而是一串价值连城的珍珠项链了。

二、对比新旧教材，挖掘变化背后的原因

新修订的教材在结构、内容、知识出现的顺序、呈现的方式、板块的设计、教学要求等方面都发生了很大的变化。然而，所有的变化都是为了使之更符合学生的认知规律，更有利于学生对数学知识的理解、获得数学的基本思想方法和基本活动经验，形成运用数学的能力。因此，我们在解读教材时，应对新旧教材的变化进行细致的解读，读懂教材变化背后的原因。这样可以帮助我们读通、读活教材。以人教版六年级上册"圆的认识"为例，实验版教材从引导学生动手画一画、折一折、量一量等操作活动入手，让学生在操作中掌握圆的特征，然后再教学用圆规画圆的方法；而新修订的教材则是先教学用圆规画圆的方法，然后再教学圆的特征。虽然只是教学顺序上的细微变化，但认真思考这一变化，我们发现，画圆的过程正是学生探索圆的特征的基础和源泉。学生在画圆的过程中，需要保持针尖的位置不变（定点），实际就是圆的圆心；而要画好一个圆，圆规两脚张开的大小要始终保持不变（定长），这定长就是圆的半径，两脚之间的距离不变也就是圆的半径相等；而画圆的每个动作都在寻找与圆心距离相等的点，这些点的轨迹就形成了圆，且个数是无限的，所以半径的条数也是无限的。在画圆的过程中，学生直观地理解了"圆是到定点距离相等的点的轨迹"这一抽象的圆的概念，同时也对圆的特征有了深刻的体验。在此基础上，教师再提炼总结圆的特征就水到渠成了。通过这样的对比，我们就把教材读活了。在实施教学时，我们就可以对教材进行重组：把特征的认识与画圆两个环节有机地结合在一起进行教学。这样，我们的教学设计就更符合学生的学习特点。理解新旧教材变化背后的原因，为我们读通、读活教材指明了方向。

三、站在学生角度看教材，合理整合灵活运用

陶行知先生多次告诫教育者："我们必须会变小孩子，才配做小孩子的先生。"所谓"会变小孩子"，就是教师尽量使自己具备学生的心灵，用学生的大脑去思索，用学生的眼光去看待，用学生的情感去体验……这就要求教师在解读教材时，要顾及学生独特的生命表现力和情感体验，根据学生的思维方式、心理特征、关注焦点，设身处地地从学生角度看教材，从教材中挖掘重难点以及学生的易错点，整合教学例题，用活教材。以人教版五年级上册"除数是小数的除法"为例，教材中安排了两个例题，第一个例题呈现的是被除数和除数均是两位小数的情境，第二个例题则呈现被除数和除数的位数不同的情境。站在编者的角度思考，我们发现，教材例4中被除数和除数的位数相同，学生能轻松地运用转化的数学思想把除数和被除数转化为整数，再根据整数除法的法则进行计算。在此基础上，教材再呈现例5，学生有了前面转化的经验，这时只要把关注点放在被除数和除数的小数位数不同时，要把除数转化为整数，再根据商不变的规律，移动被除数的小数点位置即可。这样分两个例题进行教学，可以大大降低难度并减少学生出现错误的机会。但站在学生的角度思考，我们发现这样的编排给学生搭的"脚手架"太多，不利于学生展示个性化的解决问题策略，也不利于学生解决问题能力的提升。根据小学生的认知特点，我们认为，应当把教学点定位在学生的最近发展区，例题设计有一定的挑战性，或者能诱导学生进入思维误区，更有利于激发学生的探索热情，更能促进学生的发展。通过这样的解读与思考，我们对教材的例题进行了改造。我们把教材例4中的数据改为被除数和除数位数不同的情境：奶奶编一个"中国结"需要0.85米丝绳，有15.3米的丝绳，可以编几个"中国结"？这样一来，被除数和除数位数不同，学生在解决问题的过程中就会出现三种不同的解决方法：把15.3÷0.85转化为153÷85、153÷8.5、1530÷85。我们在展示三种不同的方法后，充分利用把15.3÷0.85转化为153÷85（小数点移动的位数不同，转化后商会发生变化）和把15.3÷0.85转化为153÷8.5（虽然转化正确，但还是不能有效地解决问题）这两种资源，引导学生在观察比较中深刻理解除数是小数的除法计算的算理和算法，在正

误的对比中突出了重点，突破了难点。通过整合，所呈现的例题更具有挑战性，满足了学生个性化解决问题的需求，同时在发现错误、纠正错误中深化了学生对除数是小数的除法计算方法的认识。课堂教学中，学生兴趣盎然，探索味特别浓。由此可见，教师在解读教材时站在学生的角度思考，巧妙地整合例题，可以用活教材，使教学更符合学生的认知规律。拆分、整合或调整例题的顺序都是读活教材的好方法。

四、关注明暗两线，调整教材编排顺序

数学思想往往隐藏在数学知识的背后。我们在解读教材时，如果既能关注知识技能这一明线，又能关注隐藏在数学知识背后的数学思想的这条暗线，在明暗两线之间找到平衡点，并利用这一平衡点对教材的顺序进行适当地调整，那我们的教学就既能帮助学生更好地掌握知识和技能，又能帮助学生感悟、体会和运用数学思想方法。比如，通过对人教版四年级上册第四单元"积的变化规律"和第六单元中"商的变化规律"的分析，我们认为，两者在探索的过程中都渗透了合情推理的数学思想（不完全归纳法）。学生在探索时都必须经历"呈现例子—得出猜想—举例验证—得出结论"的探索过程。而且，"积的变化规律"是学生第一次尝试用这种思想方法探索规律，也是对运用不完全归纳法的第一次完整的感悟。因此，我们认为，教学此课不能仅停留在让学生理解并掌握积的变化规律上。经历合情推理的整个过程，感受不完全归纳的数学思想方法才是本节课的重点和难点。当学生积累了合情推理的探索经验后，在学习"商的变化规律"时，学生就完全可以在此基础上自觉运用这种思想方法探索商的变化规律。通过对思想方法这一暗线的分析，又结合这两单元教材知识体系之间的联系，我们对教材的编排顺序做了大胆的调整：先教学"三位数乘两位数"和"除数是两位数的除法"的计算方法，两个单元的计算都教学完毕后再教学"积的变化规律"和"商的变化规律"。在教学"积的变化规律"时，我们直接出示课题，告诉学生要研究的内容。接着，师生共同围绕"积的变化规律应该在什么样的式子中研究""你认为乘法式子中谁的变化会引起积的变化""积的变化与因数的变化之间存在什么样的规律"等问题展开研究。到了教学"商的变化规律"时，当我们呈现课题后，学生就都非常自然地提出：商的变化规律要在什么式子中研究？商的变化与谁有关？商的变化与被除数的变化之间存在什么样的关系？商的变化与除数之间又存在什么样的关系？商有变化的规律，那在什么情况下商会不变呢？……从这些直指数学本质的系列问题中，我们不难发现，学生对不完全归纳的数学思想方法有了深刻的感受。这为学生今后自觉运用不完全归纳的数学思想方法探索其他知识奠定了良好的基础，也有助于学生探索能力的提升。

  读通、读活教材的方法还有很多，如对比不同版本的教材异中求同、纵观十二册教材准确把握尺度等。每个教师对教材解读的角度和思考是不相同的，它需要经验的积累，更需要不断地把自己解读后的思考，运用于教学实践，并通过教学实践的检验。

（作者：林碧珍）

法中见理　理中得法
——从两次磨课中谈计算教学的策略

两次磨课

数学计算能力是一项基本的数学能力。在小学数学教学中，计算教学占有相当大的比重，这足以说明计算教学的重要性。因此，我们要重视计算教学策略的探讨。笔者结合"导师带教"活动中"两位数乘两位数笔算乘法"的两次磨课，谈谈有效的计算教学策略。

第一次试教：

1. 教师直入主题进行新课教学。

出示主题图

(1) 思考一：12个14到底有多少？

(2) 思考二：你会算几个14？（10个14）（2个14，3个14……）

2. 动手操作，探究算法。

(1) 教师提要求：

A. 先在点子图上分一分；

B. 再用红色彩笔圈一圈，并列出算式；

C. 同桌交流，你是怎么想的？

(2) 学生动手操作，再汇报交流。

(3) 说说你是怎么想的。圈出几个几？用算式表示。

(4) 说说你更喜欢哪一种算法。将它改写成竖式。

(6) 总结两位数乘两位数的笔算方法。

3. 练习巩固。

每套书17本，买了11套，一共买了多少本？

思考：还能不能用连乘的方法。

4. 小结。

这节课你有什么收获？

第二次试教：

1. 复习引入。

①借助加减的竖式，由 $\begin{array}{r}14\\+2\\\hline16\end{array}$ 与 $\begin{array}{r}14\\-2\\\hline12\end{array}$，推出乘法的竖式 $\begin{array}{r}14\\\times2\\\hline\end{array}$。

②问：乘法 $\begin{array}{r}14\\\times2\\\hline18\end{array}$ "1"让它也落下来，你同意吗？

③你举例说明，为什么不是让"1"落下来？

④借助图说算理，再解决问题。

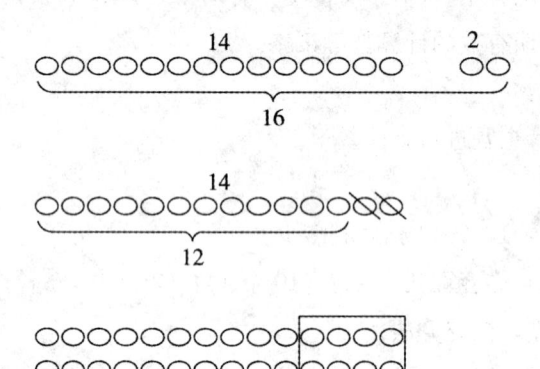

结合图说明十位上的"1"也要乘2。

⑤小结：我们可以借助画图说理。

2. 自主学习，探究方法。

(1) 出示：14×12。

(2) 猜测：可能要解决什么问题？学生自由发挥想象自编并解决问题。

(3) 揭示课题：两位数乘两位数笔算乘法。

(4) 你能用学过的知识计算 14×12 吗？

学生交流想法：先算 10 套书有多少本，再算 2 套书有多少本，最后把 10 套书的书本数与 2 套书的书本数加起来就等于 168 本。

①10×14＝140　2×14＝28　140＋28＝168

引导学生把这些书本变成点子图，利用点子图"圈一圈、分一分、画一画、说一说"，探究其他算法。

②14×6×2＝168　③14×4×3＝168
④14×2×6＝168　⑤8×14＝112　4×14＝56　112＋56＝168

（5）对比算法：这 5 种算法之间有什么相同点？

（6）优化算法：

这些算法都采用了"先分后合"，把新知识转化为以前的知识来解决，你觉得哪种算法比较简便？为什么？

形成共识：拆成整十数和一位数的方法计算比较简便。

（渗透转化、类比、数形结合的数学思想方法）

（7）明晰算理。

是不是所有的两位数乘两位数都只能用拆分法来计算呢？还可以怎样计算？展示竖式算法：

①选一选，哪个算式肯定不对？

```
    1 4          1 4          1 4
  × 1 2        × 1 2        × 1 2
  ─────        ─────        ─────
    3 8        2 8 8        1 4 2 8
```

```
    1 4          1 4
  × 1 2        × 1 2
  ─────        ─────
    2 8          2 8  ── 表示2套书的本数
  1 4 0          1 4  ── 表示10套书的本数
  ─────        ─────
  1 6 8        1 6 8
```

②你能在点子图中找出它是哪个部分，求几套书的本数？

③认真比较笔算、口算、点子图，你发现了什么？

计算的道理是一样的。

④重点说说最后两种书写格式。

追问："0"可以省略，那 4 可以直接和 8 对齐吗？为什么不可以？

(8) 总结算法，说说每步表示的意义。

3. 巩固运用，深化理解。

(1) 算一算。

21×23　　　　　34×21　　　　　33×13

(2) 猜一猜。

$$\begin{array}{r}\square\square\\\times\square\square\\\hline\square\ 1\\\square\square\\\hline\square\square\square\end{array}$$

这个竖式是哪一道题的竖式？39×11 和 31×21，你是怎么判断的？

$$\begin{array}{r}\square\square\\\times\square\square\\\hline\square\ 2\\\square\ 8\\\hline\square\square\square\end{array}$$

这个竖式又是哪一道题的竖式？12×41 和 21×22，说说你的判断依据。

(3) 解决问题。

陈老师要买 12 套书，每套 42 元，她带 400 元钱够吗？

4. 全课总结。

两次磨课的比较

"两位数乘两位数的笔算"是人教版数学三年级下册的内容。实验教材借助摆小棒，通过直观操作帮助学生理解算理、掌握算法。而新教材则借助点子图，让学生自主探究多种算法，并与算式相对应，体现数形结合的数学思想方法，帮助学生建构两位数乘两位数竖式计算模型的过程，教材的这一设计，意图是希望通过教学不仅能够帮助学生理解算理，还能帮助学生较好掌握算法，感悟和体验解决问题的策略和算法的多样化，同时让学生体会乘法竖式的简捷有效，且在教学中还能恰当及时地渗透数学思想方法。但由于教师在教学中对计算教学的本质理解不同，所呈现出的教学设计和教学效果就有明显的不同，以下是两种教学设计所呈现出的不同教学效果的比较。

1. 探究算理和算法上。

第一次试教：

没有充分用好点子图，能真正明白怎么在点子图上画图的学生很少，多数学生不明白这个点子图到底干什么用，只是凭自己的感觉在上面圈一圈、画一画，学生写出的计算方法与点子图脱节，更不用讲在点子图上验证了。由此可见，这样的设计造成了算理与算法间的脱节。此外，该教学设计中对于多种算法也没有进行优化，对于竖式写法也理解不到位，只是依口算而得出，学生对于积的对位更是错误百出。看来这样的教学设计无法帮助多数学生真正理解两位数乘两位数笔算的算理、掌握两位数乘两位数的算法。学生对该知识的学习停留在"知其然，不知其所以然"的层面。

第二次试教：

充分发挥点子图沟通算理和算法之间的桥梁作用，让学生在动手操作前知道"做什么"，在操作中知道"想什么"，在操作后明白"说什么"。借助有趣的点子图，学生将解决问题的注意力无形中从计算 14×12 转移到点子图所表示的"一共有多少本书"，接着引导学生利用点子图，自主探究两位数乘两位数的多种方法，让学生经历算法多样化的过程，并能比较多种算法的优劣。同时进一步明晰竖式计算中每一步计算表示什么，引导学生掌握积的定位，明白数位对齐的道理。这样的教学既帮助学生掌握了两位数乘两位数的算法，又进一步厘清算理与算法之间的联系，帮助学生深入理解算法背后所蕴含的道理，让学生"知其然更知其所以然"。这样的教学，不仅让学生经历"探究方法—明晰算理—总结算法"的过程，还让学生水到渠成地感悟到数形结合、转化、类比等数学思想和方法，并积累了归纳、概括等数学学习经验，可谓一举多得。

2. 算法的表述与归纳上。

第一次试教：

没有很明确地表述和概括计算方法，而是问学生这个 28 表示什么；接下来算什么；140 又表示什么；强调先算什么，再算什么。语言零碎，忽视算法的表述与概括。

第二次试教：

注重算法的准确表述与归纳概括。引导学生从个例中描述计算的步骤，逐步推及两位数乘两位数的计算方法，如"每一位""分别"等关键词，抓准了计算过程中要用第二个乘数的个位，分别去乘第一个乘数的每一位；再用第二个乘数的十位，分别去乘第一个乘数的每一位。这样表述准确、清晰、规范、精炼，不仅有利于学生准确地理解计算法则的内涵，掌握计算方法，也积累了数学学习经验。

3. 课堂练习的设计上。

第一次试教：

时间仓促，只做了"每套书17本，买了11套，一共买了多少本？"只注重让学生体会"连乘"方法，具有很大的局限性。

第二次试教：

笔者注重处理好技能的形成和解决问题相结合的关系，设计了富有层次性的练习，第1小题计算：21×23、34×21、33×13，巩固算法，引导学生在进一步明晰算理的基础上掌握算法。第2小题猜一猜，则训练学生进一步明晰算理与积的定位。通过练习，学生的计算能力随着知识积累和相应的训练而提高。

第3小题解决问题：陈老师要买12套书，每套42元，她带400元钱够吗？初步发展学生灵活解决问题的能力。这样层次鲜明的练习既培养了学生的计算技能，又发展了学生的数学思维能力。

两次磨课的启迪

我们都知道计算教学中算理和算法是很重要的，然而计算简单，计算教学却不简单。"法中见理，理中得法"是计算教学的指挥棒。直观演绎，清晰算法是外在模型，算理是内在的灵魂。如何才能让学生"法中见理，理中得法"？笔者从"两位数乘两位数笔算乘法"两次磨课教学中探得如下启迪。

一、激发学生的学习兴趣

爱因斯坦曾说过："兴趣是最好的老师。"陶行知先生从自己丰富的教育经验出发，认为"学生有了兴趣，就肯用全部精神去做事，学与乐不可分"。学生有了兴趣就有了学习的欲望。计算教学首先得调动学生的学习兴趣，如第二次试教，让学生自己编应用题，猜一猜14×12可能是要解决什么问题。学生发挥自己的想象能力进行编题。这样，学生就有兴趣去解决自己的问题，转被动计算为主动计算。

二、关注学生知识起点

关注学生的知识起点，懂得迁移旧知学习新知是教学取得效果的保障。如果我们遵循促进学习迁移的教学原则，尽量使用正迁移，就能促进学生对所学知识的理解和运用。据此，在教学中，老师必须注意运用法则之间的正迁移——以三年级上册"两位数乘一位数（笔算）"作为基础，$\begin{array}{r}14\\\times2\\\hline 28\end{array}$ 去思考迁移出两位数乘两位数的笔算方法。同时，排除负迁移对学生的干扰，把加、减法的笔算与乘法的笔算进行对比。教学中，一句"'1'为什么没有落下来？"引导学生用画图来解释它，为下面点子图的出现埋下了伏笔。另外，读懂学生的起点、了解学生的困难所在也是教学取得成功的保障。在两位数乘两位数这一知识的学习中，大部分学生都能知道第一步先算14×2＝28，也能正确书写28的位置。而对于第二步14×10＝140的计算过程理解起来较为困难，学生弄不清楚为什么明明是用1×14，结果却得出140呢？140该怎么写，写在哪……当我们读懂了学生，了解到他们的知识起点和困难所在后，就能顺需而教，就能很好地帮助学生理清算理与算法之间的联系，理解算理掌握算法，就能更加有效地实施计算教学。

三、借助几何直观，突破教学重难点

计算教学课的重难点就是借助直观的算理得到抽象的算法，因此计算教学既需要让学生在直观中理解算理，也需要让学生掌握抽象的法则，更需要让学生经历直观算理到抽象算法的过程。根据三年级学生的年龄特征，这个阶段的学生需要有较多的动手操作和直观表象作为支撑。而直观演示和动手操作学具，是帮助学生感知和理解抽象的数学知识的重要手段。皮亚杰说过：

"儿童的思维是从动作开始的，切断动作和思维的联系，思维就不能发展。"所以，教学时老师应该借助点子图与算式相对应，引导学生自主探索两位数乘两位数的笔算计算过程，理清算理。我们巧妙由"你会计算几个14"引入，引导学生在点子图上分一分，再圈一圈，并列出算式，老师留给学生足够的时间，放手让学生借助几何直观自主探索，自己去尝试探讨两位数乘两位数的笔算方法。当学生想到了多种计算方法后，教师适时地引导学生进行观察和比较，发现这些方法都在进行拆分。老师适时地抛出问题：为什么都要先分后合？这些算法之间有什么相同点？你觉得哪种算法更简便，为什么？说说你的理由。关键时刻，老师没有让学生去肯定或否定哪一种方法，而是先渗透数学转化思想，肯定学生解决问题的能力，懂得把不会的新知识转化成旧知识。然后，让学生结合点子图验证，将它列成竖式，并适时出现以下几种算法巧妙引导借助几何直观，分析、判断出①④⑤⑥是计算错误，在判断正误中进一步理解算理，掌握了算法。

$$
\begin{array}{cccccc}
 & & 14 & 14 & & \\
 & & \times 12 & \times 12 & & \\
14 & 128 & 28 & 14 & 14 & 14 \\
\times 12 & +14 & 140 & \times 12 & \times 12 & \times 12 \\
\hline
38 & 168 & 168 & 128 & 108 & 288 \\
① & ② & ③ & ④ & ⑤ & ⑥
\end{array}
$$

这样的教学不仅能很好地帮助学生理解算理、规范笔算算法，而且对数学思想方法的渗透与感悟也做到了水到渠成，还发展了学生的运算能力、几何直观、逻辑推理等数学能力。

四、规范算法表述

计算课教学中老师往往忽略算法的表述，学生常出现会算不会说的情况。其实正确的表达是沟通算理和算法的非常有效的手段，因此老师应该注重让学生说清算理和算法。比如本节课老师把竖式与点子图结合，注重训练学生说一说每一步计算的含义，在点子图中是哪个部分，以及不断地追问学生思考："28表示什么？""140表示什么？"注重训练学生说一说笔算乘法具体的计算方法，先算 14×2，再算 14×10。再如让学生把课本的竖式与黑板的竖式对比，还利用学生课堂上生成的两个竖式进行对比，在不断比较中让学生发现不写这一步并不影响计算的结果，因此，可以省略这一步，让学生理解"算式无0，心中有0"和"0可以省，但是位置要给它留着"的道理。

五、设计灵活、有层次性的练习

数学练习是数学教学的一个重要环节，精心设计的练习，有助于学生理解基础知识、掌握技能，可以全面发展学生的综合素质。练习设计的好坏，则直接体现在练习的层次性中。所以老师要根据学生的学习过程，按照循序渐进的原则，精心设计练习层次。比如第二次试教所设计的练习，在层次性和拓展性方面就做得非常到位。

1. 练一练。

$21×23$　　$34×21$　　$33×13$

出示3道（不进位）笔算，让学生独立完成，巩固两位数乘两位数的笔算方法。

2. 猜一猜。

第一组：

```
    □□
  × □□
　　□1
    □□
   □□□
```

$39×11$　　$31×21$　　这个竖式是哪道横式的竖式？

你是怎么判断？让学生去思考：积的个位上的数是怎么算出的？

学生推理如下：看尾数，因为$9×1=9$、$1×1=1$，两个算式积的个位上的数分别是9、1，现在竖式个位上的数是1，所以左边应是$31×21$的竖式。

第二组：

```
    □□
  × □□
　　□2
　 □8
   □□□
```

$12×41$　　$21×22$　　这个竖式是哪道横式的竖式？

本道题提高了难度，学生不仅要观察竖式的个位，而两道题$12×41$、21

×22 积的个位都是"2",接着还要观察"8",它是第二个乘数的十位乘第一个乘数的个位乘得的积。故而判断左边应是 12×41 的竖式。

3. 解决问题。

陈老师要买 12 套书,每套 42 元,她带 400 元钱够吗?

先让学生独立解决,汇报。有的学生进行竖式笔算,有的学生则进行估算判断出陈老师带 400 元钱够不够,进一步提高了学生灵活解决问题的能力。

通过设计这样富有思考性、灵活性的习题组,一方面进一步明晰计算两位数乘两位数的关键点和易错点,使学生对该算法的运用达到熟能生巧的水平;另一方面也培养了学生的演绎推理能力和问题解决能力。这些层次鲜明的练习让每一个学生动起来,让学生的思维飞起来,让我们的课堂活起来。

计算是"数与代数"领域的一项重要内容,在小学数学教学中具有举足轻重的地位。学习计算不仅要关注知识的传授和技能的形成,还要结合计算的教学引导学生感悟数学思想方法和积累数学活动经验。在计算教学中,老师们要处理好算法多样化和算法优化的关系、适时引导和学生自主探究的关系、技能形成和问题解决的关系,只有这样才能使计算教学更加有效,让越来越多的学生爱上计算课。

(作者:陈少斌　陈灼钦)

以生为本，让复习课别样精彩

缘　起

复习课是达成数学课程目标的十分重要的课型之一，对学生巩固知识技能、完善认知结构、提升思维品质、增强应用意识有着不可替代的作用。然而，复习课也是最难驾驭的课，复习课往往缺少新授课的新鲜感，教学方式也比较单一枯燥。传统复习课以讲解为主，辅以大量的机械操练作为知识巩固的主要方式，学生也常以记忆作为复习阶段学习的主要方式，这样就不能有效地调动学生学习的主动性和积极性，使得复习课单调且效率低下。因此，要树立"以生为本"的教学理念，提高复习课的效率就成了数学教师亟待解决的问题。基于这样的认识，笔者在六年级下册总复习"简便运算整理与复习"的专题研讨活动中，对两位老师执教的复习课"数的运算——简便计算"进行对比与分析，发现学生在复习课有倦怠情绪时，采取半开放的游戏形式对运算定律与性质进行整理与比较，能改变课堂的沉闷无趣，学生的积极性也会被充分调动起来，原本枯燥的整理复习课也变得别样精彩。

案例描述

案例一：

教师直接揭示课题，进入系统复习：

1. 复习运算顺序及运算定律。

（1）四则混合运算顺序是怎样的？（根据学生回答板书）

（2）计算练习。（先说运算顺序，再计算）

2. 复习运算定律及性质。

（1）我们学过了哪些运算定律及性质？（学生先独立填写表格，再同桌交流汇报。）

（2）这些运算定律及性质中的字母可以表示哪些数呢？

（3）横着观察、竖着观察，你发现了什么？

3. 巩固练习。

怎样简便就怎样计算

$375+125\div 25\times 3$ $\qquad\qquad$ $79.5-1.8\times 3-3.6$

$\dfrac{15}{2}\times 1.5\div \dfrac{15}{2}\times 1.5$ $\qquad\qquad$ $\dfrac{5}{7}+\dfrac{11}{13}+\dfrac{2}{7}-\dfrac{2}{13}$

……

案例二：

1. 整理表格、前测练习。

2. 教师直接揭示课题后出示：

$$1\dfrac{5}{6}-\dfrac{5}{6}\div\left(\dfrac{1}{2}+\dfrac{1}{2}\times\dfrac{2}{3}\right)+\dfrac{1}{3}$$

$$=1\div\left(1\times\dfrac{2}{3}\right)+\dfrac{1}{3}$$

$$=1\div\dfrac{2}{3}+\dfrac{1}{3}$$

$$=1\div 1$$

$$=1$$

让学生判断对错，并互动整理四则运算法则，最后小结运算顺序很重要，随意改变则会产生计算错误。

3. 复习运算定律及性质。

出示 $\dfrac{7}{9}+0.2+$ ___，让学生填数使算式可以简便计算。在师生互动中得出简便计算必须先观察算式特征，包括数字和运算符号。接着教师小结：要想改变运算顺序进行简便计算必须依据运算定律，而用哪条运算定律则需要抓算式中数字与运算符号两个特征。接着请学生尝试依据这两个特征来填下面的算式：$125\times 25\times$ ___，$\dfrac{3}{7}\times 5+$ ___ $\times$ ___，$731-$ ___ -28，$731-$ ___

—＿＿，2700÷＿＿÷4，2700÷＿＿÷＿＿，同时根据学生回答以表格形式整理出运算定律与性质。最后让学生观察表格，对比分析，看看发现了什么。知识的整理已基本结束。

4. 巩固练习。

(1) 下面哪些算法是正确的？

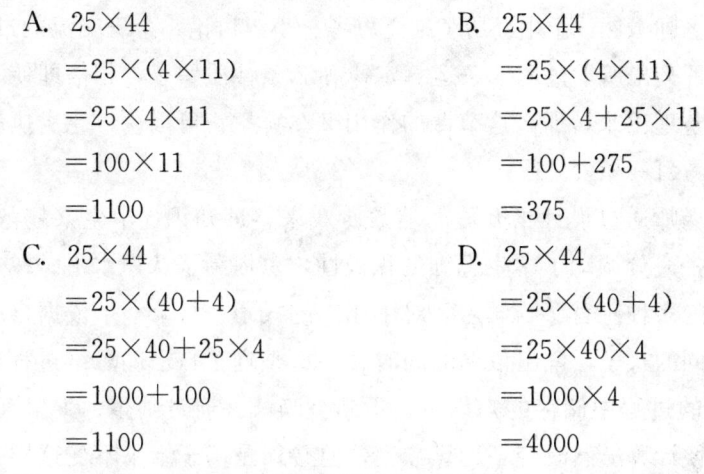

A. $25×44$
$=25×(4×11)$
$=25×4×11$
$=100×11$
$=1100$

B. $25×44$
$=25×(4×11)$
$=25×4+25×11$
$=100+275$
$=375$

C. $25×44$
$=25×(40+4)$
$=25×40+25×4$
$=1000+100$
$=1100$

D. $25×44$
$=25×(40+4)$
$=25×40×4$
$=1000×4$
$=4000$

(2) 计算下面各题，怎样简便就怎样计算。

$375+125÷25×3$ $79.5-1.8×3-3.6$

$\frac{15}{2}×1.5÷\frac{15}{2}×1.5$ $4.4×25$

(3) 判断：下面两个算式是否正确？

$20÷(2+4)=20÷2+20÷4$ $(2+4)÷20=2÷20+4÷20$

(4) 对前测题的典型错误进行分析、纠错。

同课异构带来的思考：小学数学总复习的目的是引导学生深化知识的理解，弥补学习过程中的缺漏，梳理学过的知识，将相关知识加以联系比较，形成知识网络，体会数学思想方法，积累数学活动经验，提高学生运用所学知识解决问题的能力。由于两节课设计的理念不同，呈现了不同的复习效果。

1. 从唤醒旧知看：

案例一，老师是让学生直接回顾四则运算的法则，然后进行对应的练习。这样看似经历了回忆旧知、巩固练习的过程，但事实上学生只是为了回答老师的问题而回顾，缺乏独立性、自主性和个性，学习的积极性大大减弱。

案例二，课前，老师先让学生明确目标，完成书本上的表格填写，充分发挥了学生的主体性作用，在此基础上对学生进行前测诊断，通过前测中的判断对错环节既唤起学生对自己已有知识的回顾，帮助学生正确认识自我，同时也让老师了解学情，把握学生的知识起点。

2. 从整理环节看：

案例一，老师虽然让学生经历了独立思考、小组讨论、全班交流的过程，但最后也就是罗列出所学过的5条运算定律和2条性质罢了，相信即使不上课，学生也能整理出来，那么这节课的作用又在哪里？可以说，此次执教与所要实现的复习目标相去甚远。

案例二，老师通过设计半开放的填数游戏来整理知识，学生兴趣浓厚，个个跃跃欲试，充分调动了学生思维的积极性，也提高了认识水平。在这个过程中，学生的多种感官参与学习，对于相同的式子，每个学生依据自己的分析创造出不同的式子，说出依据的同时又一次整理了自己的思维过程，其他同学在倾听的过程中储存的知识也、不断被唤醒。通过师生、生生互动，学生明白了简便计算虽然改变了运算顺序，但必须是基于结果不变这样一个大前提，要想简便计算必须依赖运算定律及性质，理清了运算法则与运算定律之间的关系。

3. 从练习层次看：

案例一，老师安排的练习没有发挥出该有的反馈评价作用。原因一方面是前面的复习环节效果不理想，一方面则是由于题目自身的问题。虽然题目都是精选过的易混易错题，但层次不清晰，比如对于"怎样简便就怎样计算"，很多学生坚持自己的方法，甚至有的就认为按四则运算法则计算最简便，而对于"简便计算"，有的干脆根本不分析，使简算沦为了指令性的操作，丧失了观察、判断、选择的能力。另外老师安排的多是独立的计算，形式单一，学生统一埋头做，结果就出现了有的人很快完成所有的练习，有的同学则错误百出。到了汇报时，课堂也较沉闷，练习的实效性自然可想而知了。

案例二，老师先安排了学生最易错的 25×44，并提供了4个选项辨析。接着安排独立的四题递等式计算，最后是一个辨析题。可以说，第二次的练习比第一次形式丰富多样，既有选择判断，又有独立计算，还有一些拓展练习，这样可以更好地抓住重点、突破难点，让学生在"知"与"能"等方面得到拓展和提升，真正做到让不同的人在数学上有不同的发展。

复习课的策略与方法

从前面的分析来看，复习课要帮助学生在梳理知识的同时查漏补缺，以加深对知识的理解及对知识之间内在联系的把握，做到温故知新，融会贯通。因此在复习课的教学中，我们不仅要让学生"知其然"，更要"知其所以然"，以便实现更高层次的再学习。基于以上认识，复习课要树立"以生为本、因需而教"的教学理念，才能让复习课演绎别样的精彩。

一、前测诊断，目标定位

复习课要做到有针对性，笔者认为不仅要深入研读教材，理解教材的编排意图，同时也要充分了解学情，把握学生的学习起点，明确复习重点。而"前测诊断，目标定位"是一种行之有效的方法。如"数的运算——简便计算"一课可设计一份前测（怎样简便怎样算），前测题目如下：

$625 \div 25 \times 4$　　　　$7 \times \dfrac{3}{4} \div 7 \times \dfrac{3}{4}$　　　　8.8×125

$\dfrac{5}{17} + \dfrac{12}{17} \times 7$　　　　$31 + 173 + 69 - 27$

前测题的正确率为53%，整理学生的典型错例如下：

① $625 \div 25 \times 4$　　　② $7 \times \dfrac{3}{4} \div 7 \times \dfrac{3}{4}$　　　③ 8.8×125
　$= 625 \div 100$　　　　　$= 1 \div 1$　　　　　　　$= (8 \times 1.1) \times 125$
　$= 6.25$　　　　　　　　$= 1$　　　　　　　　　$= 8 \times 125 + 1.1 \times 125$
　　　　　　　　　　　　　　　　　　　　　　　　　$= 1000 + 137.5$
　　　　　　　　　　　　　　　　　　　　　　　　　$= 1137.5$

④ $\frac{5}{17} + \frac{12}{17} \times 7$ ⑤ $31+173+69-27$
$=1\times 7$ $=(31+69)+(173+27)$
$=7$ $=100+200$
                     $=300$

从答题情况看，学生有强烈的凑整意识，对数据的敏感度超过对运算定律与性质的感知度，也就是说数据特征对学生是强刺激，而运算符号特征是弱刺激，表明学生对运算定律的理解和掌握上存在一定问题。当我们把好脉后，就能有针对性地进行有效的复习。课例比较中我们不难看出，课前对相关知识的前测，不仅有助于我们了解学情，明确复习重点，还能针对学生在知识掌握上的薄弱环节，因材施教，为提高复习效率做好了充分的准备。

二、查缺补漏，夯实四基

查缺补漏是总复习课的一项重要功能，查缺补漏的前提是要知道学生缺在哪里，漏在何处。根据前测反馈的结果进行针对性的查缺补漏才能形成高效的复习。

1. 注重过程，再次体验。

复习课所复习的知识内容可分为两个层面，一是基础性知识，二是综合性知识。复习时教师应为学生提供充足的时空，让学生通过观察、交流、讨论，找到解决问题的具体方法，获得新经验、新知识，在实践、思考等自主学习的过程中巩固知识、培养能力、形成技能，体验到数学应用的价值。如"数的运算——简便计算"一课，根据前测存在的问题，可采取趣味填空练习（横线上怎样填可以使计算简便？依据是什么？）：$\frac{5}{17}+0.2+\underline{\quad}$，$125\times 25\times \underline{\quad}$，$\frac{5}{7}\times 5+\underline{\quad}$，$731-(\underline{\quad}+28)$，$2700\div(\underline{\quad}\times 4)$，在课堂实践中，我们发现学生兴趣浓厚，个个跃跃欲试，思维活跃，在交流中，学生都从不同层面进行展示和分享，学生的个体认知都得到了互补和完善。这样的复习设计不仅帮助学生完成知识建构、技能建构和智能建构，同时也帮助学生积累了活动经验。

2. 注重应用，提升能力。

从达成教学目标的角度看，复习课既要考虑学生对"知识与技能"的掌握情况，也要尽可能考虑数学思想方法的渗透。所以复习范例应做到覆盖面广、启发性强。设计的关键是要体现数学思想，贯穿数学方法，构建数学知识，体现"下要保底，上不封顶"的原则，让不同层次的学生都有不同程度的提高。如"数的运算——简便计算"一课，教师设计了让学生辨析 $20÷(2+4)=20÷2+20÷4$ 与 $(20+4)÷2=20÷2+4÷2$ 的对错环节，给学生提供"跳一跳摘果子"的机会。部分学生由于负迁移，认为 $20÷(2+4)=20÷2+20÷4$ 是正确的，但通过计算就发现这个结论是错误的，从而推翻了 $a÷(b+c)=a÷b+a÷c$，让学生认识到数学知识之间虽然有着相似性，但也不能盲目地迁移，要认真分析，辩证全面地看问题。在问题解决的过程中，有的学生能通过举例进行不完全归纳，经历猜想—验证的过程，做出正确的判断，初步发展模型思想。有的则能观察到新旧知识之间的联系，利用分数除法与乘法的关系，进行转化，再利用乘法分配律迁移证明出这个除法的性质，体现较高的思维水平。由此可见，一个好的练习设计，能打造出更有力度、充满张力的数学思考，让不同层次的学生都实现不同的发展，更好地实现"四基"从朴素走向深刻。

三、关注错例，因需而教

在复习中要注意全面检查学生对数学知识的掌握情况，对于尚未掌握的内容要采取一些具体措施加以补救，力争全面掌握所学的数学知识内容。很多老师都把多练作为帮助学生弥补知识缺陷的法宝，但由于学生在复习当中学的、练的都是以往学过的知识，经常重复会使他们厌烦，降低学习效率。因此，在教学中，教师要充分挖掘错例中的教学价值，充分开发和利用学生的错例，引导学生分析并纠错，在充分暴露学生思维及反思的过程中，将查缺补漏落到实处，进一步提升学生发现问题和反思的能力。如"数的运算——简便计算"巩固练习时，先让学生独立完成，再针对典型解法与错例进行分析、纠错：

①$375+125\div25\times3$
$=500\div25\times3$
$=2\times3$
$=6$

②$79.5-1.8\times3-3.6$
$=79.5-5.4-3.6$
$=74.1-3.6$
$=70.5$

③$\dfrac{15}{2}\times1.5\div\dfrac{15}{2}\times1.5$
$=1\div1$
$=1$

④$4.4\times25$
$=(4\times1.1)\times25$
$=4\times25+1.1\times25$
$=100+27.5$
$=127.5$

通过分析、判断以上练习中部分学生出现的错解典型，引导学生对错例进行剖析原因、追根溯源，并结合反思进行改错。学生通过讨论发现：第①小题，由于受数字的干扰，容易出现违背运算法则，盲目追求"凑整"，而忽略运算符号的现象，从而导致计算结果的错误。通过纠错进一步让学生明确数字与运算符号特征缺一不可，不能随意改变运算顺序；第②小题初看不能简算，但在第二步却能使用连减性质进行简算，让学生明确每一步都要注意分析，灵活使用运算定律；第③小题，有的学生对连除性质理解不够到位，前面是除号，后面添括号没有变号而造成错解，通过辨析此题，让学生进一步明晰连除的形式，并能进行灵活使用，同时也可以引导学生观察虽然这个算式有乘除两种运算符号，但乘除是同级运算，也可以带符号交换位置，让学生把乘法交换结合律用活；第④小题的错误带有普遍性，由于乘法结合律与乘法分配律在表现形式上十分相近，致使一些学生容易造成视觉上的错误，误把乘法结合律当乘法分配律运用，这说明学生对这两条运算的理解还不够透彻。辨析中进一步明晰乘法结合律与乘法分配律的异同点和易错点，让学生自主建构起知识体系。

交流与分享后，学生不仅提炼出了简便计算的要领：必须全面观察算式特征，包括数字和运算符号。还加深了对知识的理解，提升了回顾反思的能力。这样的纠错练习，培养了学生简便意识及灵活运用运算定律进行简便计算的能力；活跃了学生的思维，提高了思维的严谨性与灵活性；同时也让学生体会到数学知识内在的简洁美，提高了学生发现问题的能力。

四、梳理沟通，构建知识网络

"基础知识贵在求联，基本技能贵在求通"，郑毓信教授的这句话道出了复习课"串点成线、连线成片"的核心目标。复习不是简单地再现旧知识，而是以再现、整理、归纳等方法把旧知识联系起来，进而加深学生对知识的理解、沟通、并使之条理化、系统化。

上述课例，课前老师先布置学生整理和归纳相关知识点，用自己喜欢的方式列出关键的知识点，有的学生整理成下面的表格形式：

运算定律和运算性质

名 称	用字母表示	举 例
加法交换律	$a+b=b+a$	$75+28=\_\_\_+\_\_\_$
乘法交换律	$a\times b=b\times a$	$65\times 25=\_\_\_\times\_\_\_$
加法结合律	$a+b+c=a+(b+c)$	$\frac{7}{9}+0.2+\_\_\_=\frac{7}{9}+(0.2+\_\_\_)$
乘法结合律	$a\times b\times c=a\times(b\times c)$	$125\times 25\times\_\_\_=125\times(25\times\_\_\_)$
乘法分配律	$(a+b)\times c=a\times c+b\times c$	$(\_\_\_+\_\_\_)\times\_\_\_=\frac{3}{7}\times 5+\_\_\_\times\_\_\_$
减法性质	$a-b-c=a-(b+c)$	$731-\_\_\_-28=731-(\_\_\_+28)$
除法性质	$a\div b\div c=a\div(b\times c)$	$2700\div\_\_\_\div 4=2700\div(\_\_\_\times 4)$

在小组反馈时，老师引导学生讨论，着重关注几个问题：第一，我们学过了哪些运算定律及性质？第二，这些运算定律及性质中的字母可以表示哪些数？第三，哪些运算定律和性质有相似之处，根据它们的相似性可以怎样进行整理有利于类比？第四，运用时哪条运算定律最容易出错，在这些运算定律和运算性质中哪些是同级运算，哪些是两级运算？……

这样做既使学生巩固了知识，又使知识链更加全面、完善、科学，形成知识网络，便于记忆和应用。同时也体会了比较、联系、迁移等数学思想和方法。

总之，复习课在小学数学教学中占有重要的地位，复习课要真正上好、上出实效并不容易。需要我们在实践中摸索，根据复习内容、复习对象的不同做相应的调整。教师要以学生"学得怎样"为立足点，充分暴露学生原有知识水平，根据学情有针对性地设计教学，"从学生中来，到学生中去"，让学生感觉其实复习课并不枯燥，甚至离自己很"近"，很"真实"，很"有趣"，这样才能让复习更加合理、高效，让复习演绎出别样的精彩。

（作者：陈灼钦）

课堂教学的三重境界

"授人以鱼不如授人以渔。""授人以渔"的教师不仅教给学生知识和技能，还引导学生掌握探索知识的方法，因此比"授人以鱼"的教师教学境界更高一筹，但实践证明，停留在"授人以渔"、传授方法的层次还不够，课堂教学的最高境界应该是"悟其渔识"。何谓"悟其渔识"？要理解"悟其渔识"这一概念，首先要先理解"悟"和"识"这两个字。"悟"是感悟的意思，"识"是规律、见识的意思。"悟其渔识"就是在掌握了一系列捕鱼方法之后，进一步把这些方法融会贯通，进行归纳、分析、综合、整理，经过"去粗取精、去伪存真、由此及彼、由表及里"的加工，揭示出对捕鱼方法的规律性认识后逐步形成自己对事物的见识，不断创造出新的捕鱼方法。引申到我们的教育教学中可以理解为：教师在引导学生学习知识（授人以鱼）和培养学生掌握学习方法（授人以渔）的基础上，渗透数学思想、感悟解决问题的方法，进而逐步形成自己解决问题的见识和规律。因而"授人以鱼"是课堂教学的第一重境界，"授人以渔"则是课堂教学的第二重境界，课堂教学的第三重境界，是"悟其渔识"。

课堂教学的三重境界是相互依赖、相互影响有机统一的。在教学实践中，教师教学境界的不同，对学生产生的影响就会不同，下面笔者以人教版四年级上册"积的变化规律"一课为例，进行同课异构，从中展示"悟其渔识"的课堂教学境界，以及该境界与"授人以渔"教学境界的不同之处。

案例一：

设计思路：课前，教师创设"敬老购物活动"情境，引出一组有关联的乘法算式，引导学生分组探索这些算式中因数和积之间的变化规律，得出猜想，接着让学生举例验证这个猜想得出结论，最后引导学生利用积的变化规律解决相关的问题。

一、复习铺垫，导入新课

1. 屏幕显示：为九九重阳节开展的"走进敬老院，浓浓敬老情"活动中，全校同学捐出自己的零花钱，为老人们购买一些物品。请你们帮忙算一算，1千克橙子6元，买2千克花多少钱？40千克呢？200千克呢？

2. 据学生回答引出以下算式：

$6 \times 2 = 12$（元）

$6 \times 40 = 240$（元）

$6 \times 200 = 1200$（元）

3. 师引导学生仔细观察、比较这组算式，发现了什么？

4. 生独立思考、交流讨论，发现因数的变化引起积的变化。

5. 引出课题：今天研究积的变化规律。

二、自主探究，发现规律

1. 观察比较得出猜想。

（1）师引导生从上往下观察因数和积分别有怎样的变化？在小组内互相说一说。

（2）生交流讨论后得出规律。

（3）师引导生从下往上观察，用刚才比较研究的方法，比一比，看看有没有新的发现。

（4）学生独立思考后把想法在小组内交流一下。

（2）全班汇报交流：你发现了什么？是怎样发现的？

2. 举例验证，得出规律。

（1）师启迪：刚才大家发现的规律是不是具有普遍性呢？研究数学问题时，人们一般不匆忙下结论，需要再举一些例子，看看会不会出现相同的情况。如果有一个例子出现了不同的情况，就不能把这种发现当作规律，这就是研究数学问题应该持有的严谨的态度。你能自己举例说明积的变化规律吗？

（2）每位学生写3个算式，同桌互相检查和交流因数和积是怎样变化的。

（3）汇报验证的情况。

（4）师引导得出结论：既然许许多多的乘法算式中都有这样的积的变化特点，我们就可以得出结论。

三、运用规律，解决问题

1. 根据 $8 \times 50 = 400$，直接写出下面各题的积。

$16 \times 50 =$　　　　$32 \times 50 =$　　　　$8 \times 25 =$

2. 全社会各界朋友发起了向西藏教育捐赠和教师自愿者等活动，他们考虑以何种运输方式进入西藏。咱们也帮忙分析一下，一辆汽车在青藏公路上以60千米/时的速度行使，4小时可以行（　　）千米。一列火车在青藏铁路上行驶的速度是汽车的2倍，这列火车用同样的时间可行（　　）千米。

（1）生独立解决问题。

（2）汇报交流，感受积的变化规律使解决问题的思路更开阔更便捷。

……

四、全课总结，拓展延伸

案例二：

设计思路：教师开门见山地引出要研究的课题，引导学生思考：要研究积的变化规律要在怎样的算式中研究？谁的变化会引起积的变化？并引导学生自己动手对这些猜想进行验证。在此基础上教师借助小区草坪扩建的生活情境引出一组算式，让学生通过观察、比较得出对积的变化规律的猜想并举例验证猜想得出结论。接着教师引导学生回顾与反思探索积的变化规律的过程，在反思中渗透归纳的数学思想，形成探索规律的一般策略与方法。总结环节教师还对探索积的变化规律的方法进行拓展与运用，引导学生思考，如果要探索商的变化规律该如何探索，在迁移运用中形成了探索规律的见识，为今后规律的探索打下了坚实的基础。

一、开门见山，引出课题

1. 同学们，今天我们要研究积的变化规律。请你们猜一猜：要想探索积的变化规律，要在什么样的算式中进行研究？再猜一猜：乘法算式中谁的变化，会引起积的变化？

2. 请学生在本子上写一个乘法算式，变化其中一个因数，看看因数变了，积是否也会随着发生变化，来验证猜想。

3. 生举例并汇报自己的发现。

4. 师小结。因数的变化果真会引起积的变化，那么因数的变化和积的变化之间到底存在什么样的关系呢？我们接着继续研究。

二、结合情境，探索新知

1. （1）出示例题：某小区计划要建一块长30米，宽2米的绿地，这块绿地的面积是多少？（图略）根据学生的回答引出算式：30×2＝60（平方米）

（2）后来社区扩建这块绿地，长不变，宽增加到6米，扩建后的绿地面积是多少？（图略）

让学生说说是怎么想的。[（1）30×6＝180，（2）6是2的3倍，面积就是原来的3倍，60×3＝180，教师演示并引出算式。]

（3）旧城改造后，这片绿地再一次扩建，长不变，宽增加到12米，现在的绿地面积是多少？（图略）让学生说说怎么想的。（30×12＝360。 12是2的6倍，面积就是60的6倍。 12是6的2倍，面积就是30×6的2倍。结合学生的说明，教师演示并引出算式。）

（4）引导学生观察这一组式子，探索并发现因数的变化和积的变化之间的规律。

（5）生观察比较并交流发现的规律。

2. （1）举例验证：刚才我们是通过这几个乘法算式得到这些规律的，但只是从几个算式中就概括出结论，这在数学研究中是不严谨的，我们还需要进行验证，怎么验证呢？我们可以再举些例子，看看这些规律在其他的乘法算式中是不是也同样存在呢。

（2）生举例验证，师总结。并借助长方形草坪图理解积的变化规律的道理。

3. 概括结论。

4. 回顾与反思：积的变化规律我们是怎样进行研究的？

（1）先确定积的变化规律该在怎样的算式中研究，然后举一个乘法的算式，猜想验证谁的变化会引起积的变化。

（2）通过观察一组数据得出与积的变化规律相关的猜想。

（3）举大量的例子来验证猜想，得出结论。

三、沟通经验，拓展应用

1. 出示乘法口诀表，一句口诀就是一个乘法算式，观察这些算式，其中是否也掩藏着积的变化规律在其中呢？

2. 速度不变，路程与时间之间的变化关系。

暑期的自驾游：

福州—宁德　1小时 里程 110 千米

福州—温州 5小时 里程（　　）千米

福州—上海（　　）小时　里程 880 千米

3. 单价不变，总价与数量之间的变化规律。

妈妈打算买6千克苹果和4千克香蕉，应付多多钱？

小结：积的变化规律在我们的学习生活中处处都得到运用。

4. 速算大师。

（1）先出示 12345679×9＝111111111 （让学生选择口算还是用计算器计算）

（2）出示：12345679×18＝？ （让学生选择口算还是用计算器计算，并说明原因）

（3）继续出示：12345679×45＝？   12345679×72＝？感受规律对于计算提供的便捷。

四、课堂总结，迁移运用

今天研究了什么？我们是怎么进行研究的？（猜想—验证—结论）如果下个单元学完除数是两位数的除法后要探索商的变化规律，你们准备怎样研究，（先思考商的变化规律要在怎样的算式中研究，想一想商的变化可能与谁有关；再写一个除法算式，变化它的被除数或除数，验证一下自己的想法；然后从一些例子中探索规律，再举例验证规律，验证后才能得出结论）

同课异构的思考

以上两节课的教学设计从教学流程来看，都是从情境中引出算式，引导学生观察、比较、探索积的变化与因数变化之间的规律得出猜想，再通过举例验证猜想，得出结论，最后运用规律解决问题。但仔细推敲我们不难看出，案例一中，老师在教给学生积的变化规律的知识的同时也重视了引导学生探索规律的方法：观察、比较—得出猜想—举例验证—得出结论。不过以案例一这样的方式进行教学，学生虽然探索出积的变化规律，但他们没有建立形成探索规律的见识，今后再遇到规律探索的知识时，还是得老师牵着学生的手一步一步地进行探索。主要原因是因为教师的课堂教学还未达到"悟其渔识"的境界。而案例二中，教师一开始的开门见山——今天我们要来研究积的变化规律。请你们猜一猜：要想探索积的变化规律，要在什么样的算式中进行研究？再猜一猜：乘法算式中谁的变化，会引起积的变化？短短的几句话就非常明确地告诉学生，我们在探索研究规律时如何选定研究方向，研究时从哪里入手。接着教师让学生自己举个乘法算式的例子，验证这一猜想，在学生得出因数的变化的确会引起积的变化之后，教师又引导学生从生活中扩建草坪的例子得出与积的变化规律相关的几个算式，引导学生观察比较这些算式，并用自己喜欢的方式表示出因数和积的变化情况，着重引导学生从积的变化和因数的变化之间存在怎样的关系入手探索规律，当学生得出一个因数不变，另一个因数乘几，积也乘几的猜想后，教师进而引导学生：光从一组例子得出规律是不够科学严谨的，要再举一些例子进行验证才能得出结论。学生经过验证得出结论之后，教师又在观察方法上进行了有效的指导，指出观察一组式子时我们既可以从上往下观察，也可以从下往上观察，从而完善了对规律的认识。更为高明之处是，教师在学生得出结论后，对刚才的探索过程进行了及时的反思和提炼，让学生回顾刚才我们是怎样探索积的变化规律的，通过这样的回顾与反思，让学生对探索规律的方法有了深刻的认识，全课总结时，教师再一次为学生创设了迁移运用研究方法创造性地解决其他相关问题的机会：问学生，如果下个单元学完除数是两位数的除法后要探索商的变化规律，你们准备怎样研究？这样的教学不仅让学生掌握积的变化规律的方法，还引导学生感悟了不完全归纳及合情推理的数学思想，形成探索规律的思路，形成了解决这类问题的规律和见识。有了这样的见识学生今后再遇到规律探索的问题时就能主动地运用并能创造性地进行解决。这样的课堂教学就达到了教学的第三重境界"悟其渔识"。

所以，"悟其渔识"的课堂，是通过师生共同理解、交流、反思，引导学生感悟数学思想并逐步形成解决问题的见识的课堂，这种见识将引领学生今后在遇到问题时能创造性地寻找发现解决问题的方法，从而自主地、有效地解决问题。这样的课堂才能真正促进学生可持续发展。那么，数学教学中怎样才能达到"悟其渔识"的境界呢？

一、深度研读教材，挖掘数学思想——实现"悟其渔识"课堂境界的保障

数学思想离不开数学的基础知识及常用的方法，数学思想不仅是学生形成良好认知结构的纽带和将知识转化为能力的桥梁，更是学生形成解决问题的见识和策略的基础。因此我们在教学时要善于挖掘教材中可用的素材，适当及时地向学生渗透数学的思想，这样我们的课堂才能达到"悟其渔识"的境界。

小学阶段适合让学生感悟和运用的数学思想有哪些呢？史宁中教授在对《义务教育数学课程标准（2011年版）》进行解读时认为，数学的基本思想主要有三种：数学抽象的思想、数学推理的思想、数学建模的思想。每一种数学基本思想，又演变、派生、发展出来许多子思想，这些子思想中有的适合在小学阶段渗透，有的则不适合，笔者经过研究和实践，发现在小学阶段适合渗透的数学思想有：分类的思想、集合的思想、数形结合的思想、符号化的思想、有限与无限的思想、归纳的思想、转化与化归的思想、联想类比的思想、等量代换的思想、函数的思想、方程的思想、优化的思想、随机的思想等。理清小学阶段适合渗透的数学思想后，我们在研读教材时，就要做到有的放矢：不仅要读懂教材所承载的知识和技能目标，更要挖掘隐藏在知识与技能背后的数学思想，分别对这些思想进行系列化的整理，列出各种数学思想隐藏的细目表；有了细目表，我们就能做到分学段、螺旋上升地结合数学知识的教学适当及时地加以渗透，让不同学段的学生经历数学思想的感悟、体验和运用的过程，从而积累相关的经验和见识，形成自己创新性地解决问题的能力。

比如，我们认真研读教材就会发现，教材中计算教学这一主线都有着新旧知识联系转化问题，转化的数学思想贯穿在计算教学的始终，学习了10加几后，9加几、8加几等20以内的加法就都可以转化为10加几来解决，学习了20以内的加减法后，多位数的加减法就可以转化为20以内的加减法；学习了表内乘法后，表内的除法可以转化为乘法；多位数的乘除法口算均可以转化为表内乘除法，多位数乘除法的笔算也同样可以进行转化；完成整数乘除法的学习之后，就可以把小数乘除法直接转化为整数乘除法；异分母分数加减法可以转化成同分母分数加减法。我们据此可以整理出一张计算教学中转化的数学思想在各个阶段渗透的细目表，并根据细目表在不同阶段的教学中加以不同程度的渗透，让学生在感悟运用这一思想的过程中形成"化新为旧"的解决问题的见识和规律。教师只有做到心中有思想，才能在教学时及时加以渗透，也才有可能实现学生对数学思想的感悟和运用，并最终形成解决问题的见识。因此对教材的深度研读，对数学思想的有效挖掘，为我们实现"悟其渔识"的课堂境界提供了基础和保障。

二、及时引导反思，感悟思想方法——实现"悟其渔识"课堂境界的关键

"悟其渔识"的关键是"悟"，"悟"从实践中来，"悟"从思考中来，"悟"更是从引导中来。学生是否有感悟，关键看老师在平时的教学中是否做渗透数学思想和方法的有心人——有意识地留给让学生实践、思考的时间与空间，有意识地结合教学内容逐步渗透一些相关的数学思想和方法；有意识地引导学生感悟面对要解决的问题时如何灵活运用数学的思想，创造出自己独特的解决问题的方法。所以课堂教学能否达到"悟其渔识"的境界，老师的意识很重要，有了意识，只需抓住适当的时机巧妙地引导学生交流、反思，那么一切感悟都会在自然而然中顺势而成了。比如我们在进行 9 加几的教学时，当学生掌握了用"凑十"的方法，把 9 加几转化成 10 加几来计算的方法后，教师若能抓住时机引导学生进行感悟反思，问学生：认真观察黑板上的这些题目，它们有什么共同的地方？（都是 9 加几、都用"凑十"的方法来计算）；接着再引导学生思考，明明今天学的是 9 加几的题目，为什么你们不直接计算 9 加几，偏偏要把它变成 10 加几来计算呢？学生可能会认为因为 10 加几比较好算，这时教师就适当地进行引导，让学生感悟，10 加几不仅好算，而且是我们会算的，遇到我们不会算的题目时，如果能把它变成我们会算的题，那么不会的问题也就变会了。一个"变"字把"化新为旧"转化的思想方法深深地刻在了学生的心中。这样的反思与回顾就能让学生很好地感悟转化的数学思想，积累"化新为旧"的解决问题的经验，那么今后学生在学习 8 加几、7 加几等其他相关计算时，就能主动地想到"变"，形成遇到新知识转化成旧知识就能解决问题的见识和规律。今后再遇到新问题时，就能创造性地通过转化很好地解决问题。所以，课堂能否实现"悟其渔识"，及时引导学生进行思想方法的回顾与反思是关键。

三、拓展运用，形成见识——实现"悟其渔识"课堂境界的点睛之笔

拓展和运用是课堂教学的一个重要环节，但从我们对实际教学的观察中不难看出，老师们对该环节的研究探索大部分停留在对所学知识的回顾与运用上。实际上拓展运用环节正是帮助学生形成解决问题的见识和策略的最佳时机，教师若能在此环节引导学生对今天学习知识过程中运用的方法进行回顾与反思，并引导学生把这种方法运用到其他相关问题的解决上，就能帮助学生积累解决问题的经验，形成解决该类问题的见识，课堂就能真正实现"悟其渔识"了。比如上面我们提到的9加几的教学，当我们教学完9加几后，在拓展运用环节，教师除了引导回顾反思，让他们体会到9加几是我们今天遇到的新问题要把它变成我们学过的旧知识（10加几）来解决问题的思想方法和解决问题的策略外，还可以引导学生运用这种经验思考，如果下节课要学习8加几，你准备怎样来学习？又如学习了平行四边形面积的计算这一节课后，也可以让学生思考，平行四边形的面积公式今天是怎么探索出来的，下节课我们要学习三角形的面积计算公式，你们有什么好的学习建议吗？诸如此类关于思想方法的运用拓展就为学生提供了运用思想方法解决问题的经验，在思考和尝试中学生就形成了遇到无法解决的新问题时，想办法把它变成已经学过的相关的旧问题的见识，这种见识将为学生的终身发展奠定坚实的基础。所以，拓展运用环节是实现"悟其渔识"教学境界的点睛之笔，教师要善于为学生提供拓展运用的机会，让学生在运用拓展中形成解决问题的见识，提升他们自我解决问题的能力。

授人以鱼—授人以渔—悟其渔识，它反映了教师引导学生从学习知识、掌握方法到创新知识，形成对事物独到见识的发展过程。教师在平时的教学中要很好地处理三者之间的关系，努力实现课堂教学的理想境界，让我们的"教"真正成为"为了不教"的基础。

（作者：林碧珍）

关注学情、引探结合，达成有效探究

　　2001年版《全日制义务教育数学课程标准（实验稿）》指出：有效的数学学习活动不能单纯地依赖模仿与记忆，动手实践、自主探索与合作交流是学生学习数学的重要方式。探究性学习方式成为数学课改推崇的学习方式。《义务教育数学课程标准（2011年版）》又提出："认真听讲、积极思考、动手实践、自主探索、合作交流等，都是学习数学的重要方式。"这里的"积极思考"是针对"合作交流"中忽视学生个体思考这一现象提出来的，强调在合作交流的过程中要让学生有独立思考的过程，培养学生独立思考与静思默想的能力；"认真听讲"是针对过度重视"动手实践、自主探索、合作交流"提出来的，是对"接受学习"的变相表述，因为有"听"必有"讲"。在传统的课堂教学中，"听讲"一般是指学生听教师"讲"。随着学生主体地位的充分展现、合作交流的深入开展，在课程改革背景下的课堂，学生除了听教师"讲"，还需要听同伴"讲"。听讲，可以是被动的听，也可以是主动的听，但无论何种听讲都是以接受学习为主，这是无法否认的。由此可见，接受学习和探究学习都是必不可少的学习方式，我们在教学中要根据教材和学情特点，巧妙地融合这两种学习方式，做到"引探结合"，让课堂教学达到最优化。下面以我三次同课异构"小数性质"的经历，向教师展示自己对探究性学习方式的认识、发展、提升、感悟的过程。

案例展示

第一次：精心设计扎实有效的接受性学习

教学过程：

一、操作演示，引出等式：

1. 出示一张长5分米的红色彩带，请一个学生上来量一量这根彩带有多长。(5分米）还可以说成是什么？(50厘米）(500毫米）

2. 5分米是多少米？(0.5米）你是怎么知道的？生说过程，师贴出一把米尺。那50厘米又是多少米呢？(0.50米）为什么？500毫米呢？(0.500米）

3. 0.5米、0.50米、0.500米大小相等吗？为什么？出示：0.5米＝0.50米＝0.500米。

4. 出示两张正方形图。问：谁会在图中表示出0.30。那0.3又该怎么表示呢？

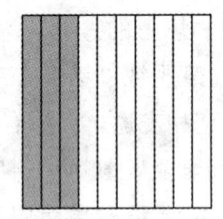

5. 0.30和0.3的大小相等吗？你是怎么知道的？(1. 重叠，发现大小一样。2. 10个0.01等于一个0.1，所以0.30＝0.30）出示：0.30＝0.3。

二、观察概括，得出规律

1. 请大家认真观察这两个等式：0.5米＝0.50米＝0.500米，什么变了，什么不变？

0.3＝0.30

2. 观察后得出了什么规律？(1)从左往右看，小数的末尾添上"0"，小数的大小不变。(2)从右往左看，小数的末尾去掉"0"，小数的大小不变。

3. 这两个规律合起来用一句话该怎么说？(小数的末尾添上"0"或者去掉"0"，小数的大小不变。)

4. 同学们得出的这个规律就叫作小数的性质。

这是1994年我参加福建省数学教育教学年会观摩课比赛时，设计的小数性质这一节课的一个片段。当时受到与会专家的一致好评，时隔12年，再次研究，不难看出教学方式存在过分偏重讲授，教师包揽太多，学生主体作用发挥不够的问题……但我们也应看到，接受性学习也常使学生系统扎实地掌握了小数的性质，不仅知其然，也知其所以然。

2002年，我作为福建省首批学科带头人培养对象，应邀到南安上观摩课。那时我刚顺利地通过数学骨干教师国家级培训班论文答辩，我撰写的关于探究学习方式的研究论文获得了北京首都师范大学的教授们一致好评。于是我决定用探究性学习的方式再教"小数的性质"。

第二次：放任自流，盲目追求自主探究

教学过程：

一、提出问题，鼓励猜测。老师出示：（1）0.1米、0.10米、0.100米，它们的大小怎样？

（2）0.30和0.3大小怎样？鼓励学生大胆猜测。

二、利用工具检验猜测。老师给每个学习小组准备了一些工具，（米尺、数位顺序表、方格纸）请你们用这些工具来检验刚才的猜测对不对。

三、观察对比，找出规律。从刚才的实验中，我们已经知道：0.1米＝0.10米＝0.100米，0.30＝0.3，下面请大家观察这两个等式，什么不变，什么变了，为什么变了后大小不变？

四、概括总结，得出性质。谁能用一句话归纳出这个规律。指出这个规律就叫作小数的基本性质。出示课题：小数的基本性质。请大家一起读小数的基本性质，边读边把关键词画下来。

我预设学生可能会选取米尺、格子图、数位表，出现以下几种验证方法：

（1）学生利用直尺验证：0.1米是1分米，0.10米是10厘米，0.100米是100毫米，它们在尺子上所表示的长度都是相等的，所以0.1米＝0.10米＝0.100米。

（2）学生利用数位顺序表验证：把0.30和0.3写在数位顺序表中，从数位顺序表中看出，它们的位数虽然不同，"3"所处的位置相同，所以0.30

=0.3。

（3）学生利用正方形图来验证：0.30是百分之三十，0.3是十分之三。从平均分成100份的正方形图中取其中的30份，就表示0.30。从平均分成10份的正方形图中取其中的3份，就表示0.3。从图中很明显地看出0.30=0.3。或者可以这么想：十个百分之一是一个十分之一，三十个百分之一是三个十分之一，所以0.30=0.3。

可是课堂上的情形不容乐观：学生拿着尺子、方格纸无从下手，我又担心自己若是去引导，就无法体现学生的自主探究，只是到一些组进行个别指导……一节课下来，我上得很辛苦，探究花去很多时间，可效果却不好，课时任务也无法完成。课后静下心来好好反思：虽然有学生方面的原因——该班学生没有自主探索的经验、小数的意义也没有掌握好等。但我认为最大的失误在于没有把握好"探"与"引"的关系，盲目放任学生去自主探究，而忽视了教师引导者的重要地位。于是我决定三上"小数性质"。

第三次："引""探"巧妙结合，提高探究的有效性

教学过程：

一、创设情境，提出问题

播放小猫帮妈妈买手套遇到问题的录像。(小猴卖8元、小鹿卖8.0元、小山羊卖8.00元)到底哪家卖得更便宜呢？从而引出8元、8.0元、8.00元写法不一样，但是所表示的钱数又一样，这里是否隐藏着什么样的规律呢？今天我们就来探究其中的奥秘。

二、大胆猜想，小心求证

1. 请你们猜一猜：0.1米、0.10米、0.100米的大小相等吗？0.3和0.30呢？

2. 老师这里准备了一些工具：米尺、方格纸、数位顺序表，请你独立地想一想，你准备用什么工具来验证0.1米、0.10米和0.100米是否相等；用什么工具验证0.3和0.30是否相等。在小组中交流你的想法，统一意见后请小组长汇报……

由于有了第二次的教训，这次上课时，课前的情境创设为学生后面的探究搭起了新知识与生活经验间的桥梁，这个桥梁为学生的大胆猜测奠定了基

础。在学生验证之前我为学生留下独立思考、小组讨论、汇报交流的时间，在学生汇报的过程中又能及时给学生以指点，这样就为学生的顺利探索铺平了道路。这样的教学，既能让学生充分地参与到探究活动中，又充分发挥了教师的主导作用，引得得当，探得深入。

策略与方法

三个案例中不难看出，同样的一节课，采用的学习方式不同，所达到的效果就不相同，不同的环节采用不同的指导方式，所能达成的有效度就不相同。那么在实际教学中要运用什么策略才能让接受学习、探究学习巧妙结合，构建起高效的数学课堂呢？

一、关注学生特点，合理选择学习方式

小学生认识事物往往是直接的、片面的、零碎的、模糊的，需要通过教师的讲授进行系统梳理。同时，他们还具有一定的向师性，在大多数情况下比较愿意听教师的有效讲解。因此，有效引导学生进行接受学习也符合他们的认知特点。当然，小学生对很多事物充满好奇，有强烈的求知欲望，往往不满足于仅仅接受教师的传授，因此，教师应根据学生这一年龄特征，把握时机，在合适的时机引导学生进行接受学习或探究学习。低年级学生年龄小、知识的储备较少，因此探究能力较差，课堂中更需要教师的扶持和引导，这时的学习可以以有意义接受学习为主、探究学习为辅。随着年龄的增长，中高年级学生的探究能力有所增强，其学习可以逐步以探究学习为主，辅之以有意义的接受学习。此外同一个班级的学生之间总是存在着差异。在实施探究时，部分优秀学生往往控制和把持着局面，他们在整个探索过程中的收获比较大。而其他学生可能只是陪衬，在探究过程中参与的程度很低，对探究的问题认识不够，或者根本不明白所要探究的知识。面对这种情况，教师除了给这部分学生特别的关照和积极的鼓励外，有必要通过讲授法和启发式教学，引导他们掌握必要的基础知识，为后续的学习打下坚实的基础。例如，我在教学"长方形和正方形的面积"时，就创设情境让学生探究。经过一节课的探究，大部分学生能通过独立思考、小组合作探究出这两种图形面积的计算方法。但是，还有少部分学生无法完成探究任务，对探究过程理解不到位。这时，我采用讲授法，告诉那些学生长方形和正方形的面积公式是什么，以及如何运用这些面积公式解决问题，并引导他们完成一些基础的练习。通过接受学习，这些学生掌握了长方形和正方形的面积公式，并且基本会运用这些公式解决一些简单的实际问题。这样的处理关注了学生的学情特点，有效地融合了探究和接受两种学习方式，课堂的有效性提高了。

二、关注教材内容特点，合理选择学习方式

美国教育家奥苏伯尔在认知—接受学习理论中提出，接受学习和发现学习是两种不同的学习方式。数学学习并不必要也不可能由学生处处去发现，去探究。因此，选择学习方式应因人因材而异，充分考虑教师、学生、教学内容的特点，冷静分析，采用不同的学习方式，提高教学的有效性。

我对2011年版数学课标中的课程内容进行分析与归类，认为具有以下特点的内容比较适合让学生采用探究的方式学习。

1. 直观性强的知识。例如，几何图形的认识等内容与学生的生活实际联系紧密。教师可以让学生通过动手操作、观察比较、量一量、看一看、折一折、比一比、议一议等探究活动，获得相关的知识。通过动手操作、自主探究、合作交流等活动，学生的观察能力、动手操作能力都能得到充分的锻炼和发展。例如教学长方形的认识时，教师可让学生四人一组，利用手中的长方形量一量、比一比、折一折、议一议，看看长方形有什么特征。学生通过动手操作、观察比较、抽象概括等活动，就可能得出"长方形有四条边""对边相等""有四个角""四个角都是直角"等特征，不仅获得有关的知识，而且在探索过程中积累数学活动经验。

2. 迁移性强的知识。例如，计算方法（多位数加减、乘数多位数的乘法、除数多位数的除法、小数乘法、小数除法、异分分母分数加减法等），亿以内数的读写法等，这些知识间前后联系紧密，学生利用已有的知识很容易找到新旧知识的"连接点"，把新知识转化成学过的知识，而后找到解决新问题或学习新知的方法。如教学"小数乘法"时，学生已经学过积的变化规律、小数点位置移动引起小数大小变化的规律、整数乘法等知识，教师可借助这些经验，让学生充分利用已学过的旧知，引导他们议一议：能不能把小数乘法转化成已学过的整数乘法进行计算？怎样确定积的小数点位置？通过探究，学生一般能得出：可通过移动小数点位置的方法，把被乘数和乘数转化成整数，然后根据整数乘法的计算法则进行计算，最后根据积的变化规律确定积的小数点位置。这样的教学能充分调动学生学习的积极性和主动性，培养他们善于思考、勇于探索的习惯，提高他们的迁移能力和解决问题的能力。

3. 学习方法相似的知识。例如，几何图形面积、表面积、体积等公式的推导方法很相似。学生学习了运用切拼的方法、等积变形的数学思想，把平行四边形转化成已学过的长方形，推导出平行四边形的面积公式后，学习三角形、梯形、圆形的面积公式时，教师就可以让学生利用等积变形的思想，自主探究、推导出所求的面积公式。

4. 规律性明显的知识。例如，加减乘除的运算定律，商不变的性质，小数、分数、比、比例的性质，这些知识规律较为明显。教学这些知识时，教师可以先呈现与规则有关的若干例证，由学生通过观察分析、操作验证等探究活动，逐步概括、归纳出一般的结论，从而获得规律、性质、法则等。

小学数学课程内容中适合学生自主探索的内容有很多，但也有些内容不适合让学生自主探究。如果在教学这些内容时，仍然让学生用探究学习方式，就可能浪费学生的学习时间，导致教学效率低下。这些内容主要有以下几类。

（1）学生初次接触到的一些基本概念、方法。在小学数学课程内容中，如计数单位、数位的名称、数位顺序、数级的名称和分级的方法、基本数字的认识、万以内数的读写法、四舍五入法、面积单位的大小、方位名称等内容是以定论的形式出现。初次接触这些知识时，学生可以通过接受学习获得知识。

（2）一些约定俗成或规定性的知识。如教材中描述概念的语词、几何形体的名称、四则运算的顺序等。教学这些内容时，教师完全可以直截了当地告诉学生或让学生看书学习，而没有必要组织学生小组合作、探索交流。如教学"质数与合数"时，质数、合数这些概念可以由教师直接讲解，再让学生内化，而无需花费时间让学生去探索"质数""合数"这些概念名称。

据此，我们在教学中一定要根据教材内容的特点，合理地选择恰当的学习方式，让我们的课堂教学更加有效。

三、巧妙融合学习方式提高课堂效率

学习有无意义，教学是否有效，并不简单地由学习方式决定的，而是与学习内容，学生已有认知水平，教学策略等诸多因素有关。作为教师，只要科学地把学习材料同学生已有的认知结构联系起来，使学生真正理解材料的含义，不管是哪种学习方式都是有意义的。如根据三年级下册"面积"这一单元中"面积和面积单位""长方形面积的计算"的内容不同，教师教学时侧重的教学方式就应有所不同。学生初次接触"面积"与"面积单位"这些基本概念，没有相关的知识和经验的积累，必须在教师的引导下积累丰富的感性认识，再适时抽象出结论。因此，可以较多地采用接受学习方式。而学习"长方形面积的计算"时，学生已掌握面积单位的概念和用面积单位排列法测量面积，且教材提供的内容可操作性强，因此，可以让学生通过操作、联想等方式探究计算长方形面积的简便方法。从这两节课的教学方式的选择，我们不难看出：探究学习和接受学习两种学习方式所适用的范围是不同的，但二者又是相辅相成的。如果没有"面积和面积单位"的接受做基础，没有建立起面积的概念，没有掌握用面积单位排列的方法测量面积，就根本不可能实施"长方形面积的计算"的探究和发现。因此，教师应该系统地研究小学数学教材的内容特点，并引导学生采用相应的学习方式开展学习活动，在同一内容的教学中也要根据不同环节的教学特点，巧妙地引导学生采用合适的方式进行学习。即使是采用探究性学习方式来学习，教师也必须在学生学习的关键处、困难处及时加以引导，引探巧妙结合。只有这样，课堂才能成为充满生命活力的课堂，教学才能有效，才能为学生的终身学习和发展服务。

（作者：林碧珍）

以学定教，自然生成

"以学定教"的教学模式，倡导"从学生中来，在学生中做，归学生所有"的教学课堂，注重学生活动经验的积累，注重学生在活动中的感悟，从而实现学生自我的成长。受这一精神启迪，在研磨新课标人教版一年级下册第四单元的"解决问题"一课中，我经历了教师在"前面引"、学生在后面跟，到学生在前面思、教师在"后面推"的转变，课堂教学也实现了从最初的教师要的学生给不了，到最终学生自然生成解决问题的方法和自主优化的转变。实现这一转变的法宝就在于"以学定教"。我们以学生学习为主线，以学生学情为依据，对教学设计进行一次次地修改，最终使学生成为学习的主人，实现了知识的内化与学生能力的发展。

案例与分析

案例一：

一、创设情境，呈现问题

1. 创设情境，学生分小组尝试解决包装卫生球的问题：有58个卫生球，每10个卫生球装一袋，需要几个袋子？（可以利用圆片和画在纸上的球动手操作）

2. 汇报交流，生成"分一分""圈一圈""想组成"等方法。

3. 引导用"想组成"倒过来检验答案。

4. 探讨5和10的关系。

(1) 学生动手操作，解决如果5个卫生球装一袋，这些卫生球能装几袋的问题。同学们大多用圈一圈、分一分的方法。

(2) 由课件演示从10个一袋到5个一袋的过程，展示可以利用10和5的关系解决问题。通过观察发现10个一袋变成5个一袋，会增加和原来同样多的袋数，原来剩余的数比5多，可以再装一袋。

(3) 引导学生用答案代入倒过来检验：11个5是55，再加剩下的3个，一共是58个。

二、巩固练习，优化策略

1. 自主选择方法解决"82块饼干，10块装一袋，可以装满几袋?"的问题，生成了"想组成"快，而"圈一圈"慢的情况。

2. 请先做完和后做完的学生分别说说方法，讨论优化出在10个装一袋的情况下，可以优先选择"想组成"的方法。

3. 让学生想一想怎么检验。

4. 追问5个装一袋的结果，学生尝试自主解决，汇报结果，尝试引导出 8+8=16（袋）。

三、课堂练习，拓展提高

……

案例二：

一、呈现问题，对比策略

(一) 呈现问题一：3个一袋，初步探索策略

1. 提供圆片和画在纸上的玻璃球，提出问题：每3个玻璃球装一袋，能装满几袋？（有的同学动手3个一组地分一分圆片，有的同学3个一组地在纸上圈一圈。）

2. 比较解题方法，初步感知圆片的准备及收、取的麻烦，对比出"圈一

圈"的简便快捷。

3. 学生思考怎么检验答案是否正确。学生想出了顺着重新分一分，3个3个数一数、倒着加起来等不同的检查方法，初步尝试了检验解决是否正确。

（二）呈现问题二：逐步优化策略

1. 提供练习纸，练习纸中画有巧克力糖，让学生自己想方法解决将巧克力糖10个装一袋。能装满多少袋？（有的同学动手圈一圈，有的同学则直接想到答案。）

2. 比较解题方法，让学生进行对比感受，实现方法的优化。

3. 思考前面一题为何不能用"想组成"的方法解决，进一步对比发现"想组成"的方法使用起来有一定的条件。

4. 思考检验的方法。学生用倒过来"想组成"的方法检验，教师通过课件演示验证，并呈现10个一行的分袋结果，为学生利用10和5的关系解决问题积累经验。

（三）呈现问题三，感受5和10的关系

1. 学生思考把5个装一袋，这些糖能装满几袋？在练习纸上作答，纸上画有巧克力糖。（有的同学用5个一圈的方法，有的同学想到用10和5的关系解决的方法。）

2. 先展示圈的方法，再请不圈得出结果的同学说说方法，通过课件演示每个10里有2个5，4个10里一共有8个5。

3. 用倒过来数的方法检验结果。

二、巩固练习，选用策略

在感悟多种策略后，大部分同学用"想组成"的方法自主解决82块饼干，10个装一袋，能装满几袋？并用倒过来"想组成"的方法检验。

三、课堂练习，扩展延伸

利用课堂上同学们成长树上的花为材料进行提问，6朵花换一包糖果，这些花能换多少包糖果？这时学生手上没有材料，学生自主思考，有的画一画花或者圆圈，再6个一圈；有的写数字，尝试6个6个地加；有的从总数里6

个 6 个地减……

同课异构引发的思考：案例一的教学环节以知识点为线索，目标很明确，先让学生在动手操作解决问题的过程中实现方法多样化并进行优化，再在解决问题教学中利用 10 和 5 的关系引导学生探究，最后再进行练习拓展。虽然也完成了教学任务，但学习的重难点知识（对于策略的选择和用 10 和 5 的关系解决问题）没有内化为大部分学生的主动需求。而案例二的教学把学生的学习放在首要位置，问题设计与老师提问成为学生思考与能力发展的"台阶"，让学生自己"走上去"。教学时放缓了节奏，细致了学习过程，教学过程更富层次性。学生在一次次由易到难的问题解决中自主探索出方法、树立了信心，逐步感悟学习方法的多样化和学习策略的优化，在解决问题的过程中不仅经历了收集信息→提出问题→解决问题→回顾反思的四个步骤，更经历了自主探索→动手操作→交流分享→对比感悟→检验回顾的数学学习过程，在自主尝试中产生方法，在数学活动与观察对比中感悟方法，在回顾反思中产生检验的方法，积累了丰富的数学活动的经验并且自然内化。这些经验在后面的学习中成为源泉，可以与新问题对比，深化感悟（"想组成"的方法只可以在 10 个一袋的情况下使用），也可以提取出来重新加工产生新的方法（观察 10 个一袋的图示产生 10 和 5 的关系解决问题的方法），实现不同的学生在数学上得到不同的发展（在每次解决问题时，同学们用的是不同的方法，体现了思考的不同水平）。这样的课堂教学恰恰是"以学定教"的教学理念的实践。

策略之思考

"以学定教"的教学理念给课堂带来无穷的生命力，为学生的学习带来长足发展的原动力，那么我们在教学中要如何才能实现"以学定教"呢？

一、把握教材，合理预设

教学设计离不开对教材的理解和对学生学习情况的了解。教材向我们展示了教学内容的知识点、方法及思想等，教师要通过不同年级的教材对比，找到知识发展的脉络，了解一节课的知识是从哪里来，要到哪里去，这是我们在解读教材时要弄清楚的问题。然而教学内容付诸学生时，常常出现生成与预设不符的情况，这时就需要我们在准确把握教材的基础上，从学生的具体学习情况出发，对教学预设进行合理的调整。例如，在解决问题教学中，预设问题"58个珠子，10个穿一串，能穿几串？"后，预期的生成是有的学生利用提供的圆片分一分，有的学生利用提供的图在纸上圈一圈，有的同学用"想组成"的方法直接得到答案；而现实课堂上的生成却是大部分学生直接想到了答案，不用提供的圆片和画在纸上的珠子；个别乖的学生配合老师在写出答案后动手分。如何让学生主动动手分一分或者圈一圈呢？从学生的学习情况出发，修改了问题的条件，将"10个穿一串"改为"3个穿一串"，这样学生就不能用"想组成"的方法解决了，自然生成了"摆一摆"和"圈一圈"两种做法。在此基础上再进一步解决"10个装一袋，能装多少袋？"的问题，有的学生自然想到组成，并且在与前一题对比的认知冲突中产生只有"10个一袋"才能用"想组成"的认识，这样细致化的预设，不仅生成出多样化的解决问题的方法，更使学生经历了自主构建新知的过程，实现了方法和知识"归学生所有"的目标。可见教材只是知识的载体，我们要走进教材，解读教材，再走出教材，结合实际学情用活教材，合理预设，实现教学目标。

二、帮助学生获得数学活动经验

2011年版课标要求已从原来的"双基"增加为"四基"，这"四基"指的是基础知识、基本技能、基本思想和基本活动经验。其中的基本活动经验为学生学习数学提供了养分，有了充分的数学活动经验，学生的思考、判断、推理、对比等就有了自主的依据，数学活动经验是学生成为学习主体的重要支持，是学生自主学习的支撑。比如在这节课中我思考：如何实现方法的优化？学生对方法的优化能达到什么程度？如何才能让学生自主优化出合适的方法呢？法宝就是——建立在数学活动经验上的自主建构。能够最终归学生所有的方法一定是学生自己选出来的，要让学生有得选，懂得选，那么需要对多种方法有所感受，再进行对比，这就是数学活动经验。可见数学活动是帮助学生获得数学活动经验必不可少的重要环节。这节课设计的数学活动主要体现在两个方面：第一，提供丰富的操作材料，通过动手操作，使学生在丰富的数学活动中感受不同的方法。第二，参与观察、对比、感悟、讨论等数学活动获得自己心仪的方法。而每个问题的解决方法的优化不是一节课能全面实现的，关键在于让不同的学生在方法的优化上获得一定的感受，从而实现对方法不同程度的优化。而这一目标的实现也离不开学生的数学活动。

数学活动经验不仅能实现方法的优化，在探究新知时也是学生思考的有力支撑。比如在学习三年级长方形正方形的周长时，要解决"用16张边长是1分米的小正方形纸拼长方形和正方形，怎么拼，才能使拼成的图形周长最短？"教材安排这一例题很重要的用意之一就是为学生学习面积做准备，也就是为学生学习面积积累一定的数学经验，让学生对面积有所感受。用16个小正方形拼成的图形，不论是长方形还是正方形，它们的小正方形数是固定的16个，要使拼出的小正方形的总数是不变的，只有用积为16的两个因数，分别作为长方形的长和宽或是正方形的边长。但实际解决问题时学生在没有动手操作的情况下，往往受到周长的影响，将16作为周长去解决，得到以下几种：

	①	②	③	④
长（分米）	7	6	5	4（边长）
宽（分米）	1	2	3	4（边长）

课堂上在阅读题意之后，通过动手操作演示，得到将这些方格排成一行，每行16个，排成两行，每行8个，排成4行，每行4个的结果。这与原先预想大不相同，深入思考之后，他们得出了很多有规律的知识：不能排成3行是因为16不能平均分成3份或是16不能被3整除。他们还发现（1）排成的行数越多，小正方形的边长被隐藏起来的条数也越多，因此"裸露在外面的边长"（也就是组成周长的边长）就越少；（2）长和宽越接近，周长越短，当长和宽一样时，也就是正方形周长最短；（3）两个因数越接近，积越大。学生还发现解决这个问题所用的方法和周长根本就是两回事，当他们再遇到类似问题时，会自觉地说出可以用乘法想长、宽的办法，省去了拼或画图的环

节。这样不仅正确解决了问题，还为面积的学习积累了经验和素材。这些都是学生有了充分的数学活动经验之后才获得的。可见帮助学生获得必要的数学活动经验是实现方法归学生所有的重要环节。

三、分析学生认知，提供适当材料，突破难点

在解决本课的难点时，我陷入了深思：这节课的难点是利用 10 与 5 的关系来解决问题。而在这之前学生从未叙述过任何数与数之间的关系以及解决问题。该从何入手突破这一难点呢？于是我思考：学生的学，是否有章可循？学生会采用什么方法解决问题，或者是学生需要什么样的材料才能顺利跨越信息与答案之间的沟壑，找到解决问题的方法？学生一定会利用原有的认知结构对新知或是新问题进行理解，以相关的知识为支点，对新知进行探讨、建构。于是我翻阅教材，找到了 100 以内数的认识的练习（学生做过），其中的每行 10 个圆，在 10 行的"百圆图"中，就有一行 5 个白圆、5 个绿圆这样的"10 里有 2 个 5"的排列。因此在解决 5 个装一袋前一个问题的检验环节中，我安排了 10 个圆一行（10 个一袋），有这样的 4 行多两个的演示，并将图片直接呈现在屏幕上。果然在解决 5 个装一袋时就有学生自己想到"10 里有 2 个 5"，从而利用 10 与 5 的关系来解决问题。

在教学设计时，教师要把握教材，融会贯通，因学设教，从学生的已有认知入手，能更好地突破难点。比如在教学除法的第二种含义包含除时，教材中是直接出示例题"20 个竹笋，每 4 个放一盘，能放几盘？"对于这样的新问题，学生要通过很多次的操作，观察演示，才能建立包含除的概念，如果我们理清教材脉络，正确解读教材安排的用意，就会知道一年级下学期学习的包装问题，就是为了学习除法积累活动经验的。与其拿一个新的情境再认知，不如直接挖掘原有认知中的情境创设问题。因此在教学这课时，我出示了"一辆车要装 4 个轮胎，20 个轮胎能装好几辆车？"的情境，由于小汽车都是 4 个轮胎，这 4 个轮胎自然相当于一个集合，学生有这样的生活经验，在学习时自然理解了 4 个轮胎为一份的分法，在此基础上再将多个有相同属性的分法进行归纳，从而得出像这样"每几个为一份，求可以分成几份"的平均分情况也可以用除法解决。

"他山之石，可以攻玉。"从学生的已有认知入手，还可以借助其他学科的学习经验，帮助学生突破难点。例如，在教学"8"的写法时，学生对于我说的日字格上的拐弯点可以明白，但是写起来却没有几个能写到位的。怎么办呢？在第二个班级教学前我思索着方法——这不是语文的拼音"S"的写法再加个尾巴吗？于是第二次教学时，我在教完要点后提示写法：想想我们的拼音"S"，你们看，"8"写到这，就是——"S"，再把尾巴转个弯拉长，去找起点，给葫芦留个口，这个"8"就完成了！这下学生写得可起劲了，很投入地凝神写起来，写到位的同学数量明显多了许多！

　　从学生的已有认知入手，还可以考虑学生的生活经验，他们看的动画片、电视剧，玩的游戏等，甚至还有父母对孩子言传身教等。这样以学生的认知为源泉的教学设计，能更好地为学生所接受，在学习时也能更好地加以应用，从而成为学生自己的方法和技能。

（作者：林巧）

基于学生认知起点，增强教学有效性

学生的学习起点，可以理解为学习新知识所借助或运用的知识储备和经验准备。比如学生学习小数乘法，积的变化规律和整数乘法这两个知识内容可以看作是学生的学习起点，学生可以借助积的变化规律，把小数转化为整数进行计算。在学校例行每学期每年段的互听课活动中，笔者有幸先后听到两位老师执教的三年级的"几分之一"。在听课和评课交流中，笔者明显感觉两位老师对学生的起点的不同认知，折射在课堂的效果也就不同。下面，笔者根据这两节课教学设计的展示，来呈现不同的起点选择带来不同的效果。

同课异构

案例一：教师结合分月饼的生活实际问题，设计了四个环节帮助学生理解几分之一，并逐步引导学生理解二分之一、四分之一的含义，引导学生学会用几分之一表示图中阴影部分，完成人教版三年级上册第 90 页例 1、例 2 的教学。

一、感知分数

1. 教师为学生设计了三次分月饼的过程（4 块月饼、2 块月饼、1 块月饼），在分的过程中慢慢体会结果不能用整数来表示而呈现分数产生的过程。
2. 教师引导学生通过两个不一样大小的月饼，体会不公平，强调平均分，出示二分之一的含义（把一块月饼平均分成 2 份，每份是这块月饼的二分之一），介绍"分数线""分母""分子"的名称及写法。

二、动手操作，加深对分数的理解

1. 动手操作折出一张纸（圆形、三角形、正方形、长方形）的二分之一，用阴影部分表示，并标出二分之一。

2. 学生操作汇报之后，教师引导他们用规范语言说出把什么平均分成几份，每份是这样的几分之几。

3. 思考：图形不一样，为什么涂色的部分都是二分之一。引导学生理解只要平均分成 2 份，每份都是它的二分之一。

4. 课堂小练习（辨析哪些图形的阴影部分能用二分之一表示），巩固对二分之一含义的理解。

三、表示四分之一

1. 要想得到一张圆形纸片的四分之一怎么办。

2. 思考：为什么阴影部分都可以用四分之一表示？

四、课堂练习，巩固新知

学生完成教材中的做一做，进一步巩固对分数的认识。

五、回顾总结

案例二：教师在教学时从教材整体出发，抓住学生已有平均分经验的认知起点，唤醒学生生活经验，激发知识冲突，引导学生感受分数和除法的关系，丰富学生的表象支撑，让学生在观察中、动手操作中逐步感受分数的意义。学生会在联系具体例子回顾动手操作的过程中，理解分数各部分的名称、表示的含义及分子和分母之间的部分和整体的关系。

一、创设情境，导入新课

教师创设班上两名同学周末去野餐分食物的情境，并准备了不同数量不同种类的食物（4个苹果，2个棒棒糖，1块长方形的面包）。先让学生利用生活经验帮助这两位同学公平地分这些东西，理解"平均分"，并用除法算式表示。通过平均分的结果有时能用整数表示，有时不能用整数表示，引导学生体会分数的产生实际源于生活的需要，引出核心问题：两个人分一块面包，怎么分才公平？每个人分到多少？用除法算式又该怎么表示？结果是多少？借助学生已有的每人分到"半块"的生活经验，在如何表示"半块"的过程中引出分数，肯定他们"半块"用 0.5 或 $\frac{1}{2}$ 表示的想法。

二、建构几分之一

（一）初步认识几分之一

1. 教师出示面包图，引导学生思考要得到半块"面包"，就要将它平均分几份？半块是其中的几份？指出半块是这块面包平均分成 2 份中的 1 份，就可以用 $\frac{1}{2}$ 表示。这一份（指 2 份中的 1 份）就是这块"面包"中的 $\frac{1}{2}$，那么另一份（指 2 份中的 1 份）呢？学生回答另外一份也可以用 $\frac{1}{2}$ 表示。板书 $\frac{1}{2}$ 的含义，并结合实物图理解把谁平均分成几份，这样的一份就是几份中的一份读作几分之一，并介绍 $\frac{1}{2}$ 的写法。

2. 根据 $\frac{1}{2}$ 的表示方法，教师在黑板上出示一个圆饼，并平均分成 3 份，让学生表示出它的 $\frac{1}{3}$，并回答把这个圆饼（　　　），每份是它的（　　　）。尝试整体说说这 $\frac{1}{3}$ 的含义，根据学生回答，教师板书 $\frac{1}{3}$ 的含义。

3. 教师出示一块圆饼，让学生想办法表示出这个圆饼的 $\frac{1}{4}$，并让学生说说怎样想的，让学生结合实物，说说 $\frac{1}{4}$ 的含义，根据学生回答，教师板书 $\frac{1}{4}$ 的含义。

4. 教师在黑板上出示一个长方形，让学生表示出它的 $\frac{1}{5}$，并说明 $\frac{1}{5}$ 的含义，根据学生回答，教师板书 $\frac{1}{5}$ 的含义。

5. 教师在黑板上先写出 $\frac{1}{6}$，再让学生具体想象说这个 $\frac{1}{6}$ 表示什么含义；后写出 $\frac{1}{8}$，再让学生说这个 $\frac{1}{8}$ 可以表示什么含义。通过小结，学生体会到不管是什么物体或图形，只要把它平均分成 8 份，每份总是它的 $\frac{1}{8}$。

6. 引导学生用自己话说说几分之一表示什么含义。通过引导学生看黑板上内容，回想刚才实物和图形平均分的过程，学生概括出了分数的意义。介绍分数的名称，教师引导学生结合刚才的图介绍分数 $\frac{1}{3}$ 的写法及领悟分数线、分子、分母的意义及关系：

$$\frac{1}{3} \rightarrow \begin{matrix} 分子 \\ 分数线 \\ 分母 \end{matrix}$$

学生通过回忆、观察、思考、讨论发现，先画分数线就是把这个圆先平均分，分母 3 是把这个圆平均分成 3 份，分子 1 代表其中的一份，而分子是分母中的一部分，整个分数就看起来像除号一样，此时教师相机引导学生理解除法和分数在这里都表示平均分。

（二）动手操作，深化认识。

教师让学生拿出准备好的一张纸（长方形、正方形或圆形），让他们表示出这张纸的 $\frac{1}{4}$。学生操作后组织交流，展示各种不同的表示方法。教师追问：这几种形状不同的纸，折法也不一样，涂色部分的形状也不同，为什么涂色部分都可以用 $\frac{1}{4}$ 表示。

通过交流，学生纷纷表示不管怎样对折，只有把这张纸平均分成 4 份，每份都是它的 $\frac{1}{4}$。并自然地拓展出，一个物体平均分成几份，其中的一份就是它的几分之一。

三、巩固新知、拓展延伸

同课异构带来的思考：学生在三年级之前都在与整数打交道，现在学习分数，感到与整数在意义、读法、结构、写法、比较大小等方面都有很大的不同。因此分数的认识是数的认识的一个全新领域，对三年级学生来说，学习上具有一定的难度。所以要准确把握学生的认知起点，设计让学生轻松、有效的活动帮助学生理解分数的意义。案例一中，教师在解读时以教材学习为逻辑起点，能够让学生经历具体情境，通过操作活动使学生初步认识几分之一，会读、写几分之一，并了解几分之一的含义，很好地达成了知识目标与技能目标，大部分学生对几分之一的理解也到位。但与案例二比较就可以看出，两位教师在选择学习起点上还是有很大的区别。案例二的教师整体把握教材，借助学生已有的"平均分"的具体经验，找准学生学习这一认知的起点，让学生明白"半块"是平均分成2份中的1份，而数学上2份中的1份就可以用 $\frac{1}{2}$ 这一分数来表示部分和整体的关系。让学生明白这样的"半块"的量与整块的关系可以用这样" $\frac{1}{2}$ "表示，在量和率之间有了很好的自然衔接，通过操作明白一半与一块的关系用 $\frac{1}{2}$ 来表达， $\frac{1}{2}$ 所对应的数量就是半块。同时教师注重通过迁移的方法，让学生根据对 $\frac{1}{2}$ 的理解，分别表示单个不同物体的 $\frac{1}{3}$、$\frac{1}{4}$、$\frac{1}{5}$，接着借助实物、图形平均分的过程引导学生逐渐理解几分之一的含义，同时也渗透数形结合的思想。最后让学生根据自己对分数的理解举例说明 $\frac{1}{6}$、$\frac{1}{8}$ 的含义，内化对概念的理解，概括出几分之一的含义，培养学生的概括能力。通过整体把握教材，找准学生的认知起点，运用合理的教学方法，让学生借助生活经验，通过具体操作，经历了对几分之一的感知、了解、理解到内化的过程，真正达成课堂教学目标。

策略与反思

"惟有基于儿童、基于数学，才能实现学生学业与教师发展的最大化"，这是曹培英老师关于"学本课堂"的倡导。在教学中怎样抓准学生的认知起点呢？

1. 区分"逻辑起点"与"现实起点"。

学习起点分为学习的逻辑起点和现实起点。逻辑起点是指所学教材自身知识体系的起点，它具有统一性和系统性的特点，一般指课标所规定应该具有的知识和技能基础。一般来说，大部分老师在教学时，已经习惯于从学生的学习逻辑起点出发，因为我们的教材编排一般都是从逻辑起点出发，它所对应的学习过程具有条理性，可操作性，更有计划性，能帮助我们克服教学中的随意性。而学习的现实起点是指学生已具有的知识体系和经验基础，它具有多样性和零碎性。选择"现实起点"对教师的能力提出更高更多的要求，因为教师在教学时不是直接提供给学生教材中的学习材料，而是通过分析学生所拥有的知识经验，在此基础上对教材进行改造、整合，提炼出适合于学生学习的内容。

举例来说，四年级学生学习"小数的意义和读写法"这一学习内容的逻辑起点是整数，因此教材从测量开始学习：用米尺量讲台桌高度，多出1 dm，量课桌桌面的长度，多出2 dm，计量结果要求用米作单位来表达，或者在进行测量时，往往不能正好得到整数的结果，怎么办？形成知识的落差引发矛盾冲突。教师一般从这个教材提供的逻辑点出发，开展后面的教学。

然而事实上，学生在四年级之前会读小数的已经不少，在生活中他们常在不同的场合见到过小数，只不过他们理解程度不一样罢了，其中有相当一部分学生能初步说出小数表示的意义，如：一本笔记本标价是1.1元，小数点前面1表示1元，小数点后面1表示1角，10个1角是1元。这就是我们所说的学习的现实起点。一般来说，目前学生的现实经验起点往往高于逻辑起点，但不同学生"高"的程度不同，也不乏"低"的现象。

2. 整体把握教材，找准逻辑起点。

选择逻辑起点，教师要整体把握教材，跳出这一课时的教学内容，引导学生找到前后知识的关系，挖掘背后蕴含的思想和方法，顺利帮助学生构建完整的知识系统。那么，如何掌握学生的逻辑起点呢？

例如三年级上册"两位数与两位数加法"教学，不难发现这一知识的逻辑起点是两位数加一位数，一位数加一位数及两位数加整十数。在教学中我们要放手鼓励学生应用已有的知识、经验自主探索。鼓励学生交流不同的口算方法，体会算法的多样化。同时我们引导学生通过新知和旧知的对比发现知识背后蕴含的数学思想，渗透"转化"方法，这为后续的两位数减法及更多的多位数加、减法学习提供了方法和经验。因此我们不能满足于学生会正确计算、会懂得算理，而要让学生懂得一切新知识都是从旧知基础上延伸的，以后的计算中，转化的方法必不可少。鉴于此，我们要找准学生的逻辑起点，更要把握整体教材。

尤其需要注意的是，掌握新知识的逻辑起点，教师要了解新知识与学过的旧知识有哪些联系，哪些知识和经验是可以通过迁移的方法来学习新知的，后续的知识又和新知有着怎样的联系，它们内部结构又是怎样的，诸多思考就要求我们要立足知识的大背景，找准知识之间的联系。因此我们要尽可能地去实际接触整个教材体系，加深对教材的理解的同时，还要借鉴不同版本教材的编排思路，达到融会贯通。

3. 深入了解学情，找准现实起点。

把握学习的现实起点可以使教学更有针对性，克服教学中的浅层性。在课堂教学中由于找不准现实起点而影响课堂教学效率的现象比较普遍。教师设计教学思路前必须了解学生是否已经具备了学习新知所必需的生活经验和知识技能，是否已掌握或部分掌握了教学目标要达成的那些知识，学生自己能学会的知识还需要教师需要做哪方面的点拨，等等。总之要深入地研究学生，而不仅仅是从课本上进行研究。以人教版三年级上册"周长"为例，教材呈现了一些规则或不规则的实物和图形，树叶、三角尺、数学书封面、钟面等实物图，以及五角星、三角形、长方形、正方形等图形，主要目的是帮助学生直观理解周长的一般含义，即封闭图形一周的长度。教师通过课前谈话了解，学生对周长定义的理解是参差不齐的，但他们认为，不管是什么物体的表面，外面一圈就是数学上的所说的周长，无法准确地对周长进行描绘。鉴于课前的调查，不难发现学生其实对生活中的一圈长度和数学中的周长没有建立起联系。因此我们的课堂教学所要做的工作就是要唤起学生已有的生活经验，搭建起生活和数学之前的桥梁。下面就是基于研究学生"现实起点"后设计的教学片断：教师在黑板上画出 400 米的跑道缩小图，并介绍说老师在这样的跑道上跑一圈是 400 米，小明同学也跑了一圈，并告诉老师说他也跑了 400 米，让学生评价小明的说法是否正确，学生纷纷表示他并没有跑到 400 米，此时老师追问：他不是也跑了一圈了吗？学生纷纷表明虽然他也跑了一圈，但是那一圈没有 400 米，老师反问：那你们说说在图上从哪到哪才是 400 米。部分学生上台比划。学生在讨论、交流、反思中逐渐感受到从起点出发沿着边线回到起点这样的轨迹才是一圈。接着老师再与学生一起用手边比划边说从哪里开始沿着哪里的边线回到哪里。完成这一系列活动后，老师指着这一圈的跑道，指出数学上表示跑道一圈的长度叫作跑道的周长，它的周长是 400 米。接下来老师让学生找找、说说身边的一些物体表面的周长在哪里……创设老师和小明在操场跑步的问题情境，既贴近学生生活，引起学生的注意，又唤起学生的生活经验。通过老师的"一圈"和小明的"一圈"进行比较，明确 400 米在图上的具体范围（起点——沿着边线——回到起点），初步感知"边线""封闭"；接着抽象到平面图，再次组织学生辨析，加强学生"一周"的表象，在此基础上，通过数据得到操场一周的长度并揭示"周长"的概念，感受到周长是周边的长度。这样的设计以学生现实起点为依托，建立起了生活和数学的关系，更好地帮助学生理解数学中"周长"的概念。

  教师选择学生学习认知的现实起点，有助于培养学生交流、思考的学习方式，在交流过程中理清了存在心中的疑惑，理顺了思路，理通了知识的脉络，这样的学习模式有利于学生进行探索交流，更好地帮助学生学好数学。

（作者：罗成龙）

基于学情分析的目标设定

教学目标是课堂教学的灵魂，是教学活动实施的方向和预期要达到的结果，是一切教学活动的出发点和总归宿。制定准确、规范、科学的教学目标，是教学活动的第一要素和基本前提，是设计教学过程和运用教学方法的依据，也是衡量教学成败的标准。在实际教学中笔者深刻地感受学情分析是教学目标设定的基础，下面笔者结合自己所教的"排队问题"的几次磨课经验，谈谈这方面的思考。

思考缘起

"排队问题"是人教版一年级上册数学教材第 100 页的一道数学思考题：我前面有 9 人，后面有 5 人，一共有多少人？

根据这一教学内容设定的目标是：

1. 会用画一画、排一排等方法解决不同类型的排队问题，并在比较中区别理解漏数加 1、重复减 1 的道理。

2. 经历"阅读与理解""方法与过程"和"回顾与反思"初步建立解决问题的模式，渗透集合思想。

3. 积累活动经验，感受数学与现实生活的密切联系。

初次预教的课堂实施情况

结合刚进行的校运会创设情境，从学校运动会以及生活中的排队现象引出排队问题，教学例题1：小明的前面有3人，后面有5人，求这一队一共有多少人？学生经历"阅读与理解"的过程，思考可以怎样解决，独立进行画图并计算，得出3+5+1=9（人）。回顾解决问题的过程，追问：为什么要加1？通过图理解这里的"1"是指小明自己。这道例题学生比较容易就探究出了答案。接着继续探究例题2：从前数小明排第3，从后数小明排第5，这一队一共有多少人？同样经历解决问题的三个流程，预设学生借助画图得出3+5-1=7（人），理解这里小明算了两次，所以要减去1次。在实际预教中发现学生比较难理解为什么要减去"1"，此处花费较多时间，还仅是个别学生能够领会该种方法，难点并未突破。然后对比例1和例2，得出"漏数加1"，"重复减1"的结论，渗透集合思想。最后巩固复习并进行拓展提升。而在实际预教中学生对于例题2的理解无法到位，首先是无法将序数转化为基数，其次是小明在计数时有重复，虽花费了很多时间，但学生还是很难理解"重复减1"的道理。这表明，预设的目标之一无法达成。课后我们针对课堂上的情形进行了深度的解读和反思。

反思调控

任何一个知识对于学生来讲都不是空白的，了解学生原有的知识水平、思维方式、情感态度，是不拔高目标不降低要求的前提，可以帮助教师更好地在学生认识的最近发展区有效组织教学。一年级解决问题从直观的看图写算式到图文结合的解决问题，学生具有解决问题的初步经验。学生在第六单元"11~20各数的认识"例题6解决问题中学习过排队问题：求首尾两个人之间有几人？初步体验用画示意图的方式来帮助理解题意并解决问题。例题1含有隐蔽条件即"小明"，对学生来说有点困难，可以通过画图理解。在初次预教中发现教师注重算式的呈现，忽视了画图与信息的关系，没能有效地引导学生结合信息画示意图。例2又需要将序数第3、第5转化成基数3人、5人，渗透集合思想对学生来说属于拔苗助长。可见原先预设的课程目标定位不准，不符合学生学情。

一年级学生的思维发展水平以形象思维为主，对抽象知识的接受和理解能力还比较弱，在解决问题的过程中需要借助直观图来帮助理解，这就有必要培养学生利用"画图策略"解决问题的习惯，让学生感受"数形结合"的妙用。为此将教学重点设定为：在解决排队问题过程中，掌握解决问题的基本方法：画图策略。教学难点：根据题意画出正确的示意图，渗透"转化思想""数形结合思想"。

重新制订的教学目标为：

1. 学会用画图方法解决求一共有多少人的问题，并在依据信息画图过程中，让图和问题表达建立起联系，清晰地建立起数量关系，找到正确的解决问题的思路。

2. 体验用画图解决问题简洁、直观的优势。渗透转化思想，数形结合思想，体验方法的多样性。

3. 积累画图思考的活动经验，感受画图策略的重要性，提高学习兴趣。

课 堂 实 践

一、创设情境

谈话：上个月我们学校开了第38届运动会，我们运动会上都有哪些比赛项目？

瞧，老师还拍了照片呢：广播操、拔河、接力……这些比赛都要求我们排着队有序进行。生活中很多地方都需要排队，比如排队买东西，排队上车，排队放学。咱们今天就一起来研究：排队问题。

板书课题。

二、探究新知

1. 初步体验，尝试画图。

排队中究竟藏着怎样的秘密呢？明明和他的小伙伴排成一队去登山。这队一共有多少人呢？

（1）知道了什么？

你能确定答案吗？（不能。）为什么？（因为老师没有告诉大家信息。）

出示信息一：我的前面有3个人。发现还是不能确定人数。还缺少一个信息。

出示信息二：我的后面有5个人。

预设：8人或9人。

提问：信息够了，答案却不一样，有什么好方法能帮助我们确定答案呢？

（2）怎样解答？

预设一：上来排一排。

预设二：画图表示关系。

根据信息，学生独立尝试画图。

展示汇报学生的各种画法：请学生介绍自己的画法。

算式 3+5+1=9（人）　　4+5=9（人）　　3+6=9（人）

（3）解答正确吗？

这下我们确定了这一队一共有9人。

根据信息和图，数一数：一共有9人。然后同学上来排一排，验证一下真是9人吗？

（4）小结：刚才求这队一共有多少人时出现了不同的答案，是什么方法帮我们解决了问题呢？（画图。）看来在遇到困难时，我们可以采用画图的方法，那么问题就变得十分简单。

2. 运用画图，解决问题。

变一变

课件出示

（1）知道了什么？

从前数，老师排第 3，从后数，老师排第 5。问题：这队一共有多少人？

猜测：8 人、9 人、7 人。

（2）怎样解答？

师：答案又不一样，你们想到了什么好方法呢？

独立画图列示，写上算式，汇报交流：

展示学生的画图，结合文字理解图意：

你能用算式表示吗？

2＋1＋4＝7（人）　　　3＋4＝7（人）　　　2＋5＝7（人）　　　3＋5－1＝7（人）

（3）解答正确吗？

结合信息与图数一数：一共有 7 人。在实际排一排进行验证。

（4）小结：看来，是谁又一次帮助我们找到正确的答案了呢？对啊，不确定答案时，我们可以根据信息画一画。

三、闯关夺红旗

1. 巩固练习。

（1）小朋友，坐一排。我的左边坐 10 人，我的右边坐 5 人，我们一共多少人？

（2）一队小鸡叫喳喳，队里混只唐老鸭，顺着数它第 7，倒着数它第 2，请你帮着数一数，一共几只鸡和鸭？

2. 拓展延伸。

我家一共有 10 层，我的上面有 6 层，我的下面有几层？

四、课堂总结

这节课你有什么收获？

五、板书设计

排队问题

知道了什么？

前面3人，后面5人　　　　　　　　　前数第3，后数第5

怎样解答？

◯◯◯▲◯◯◯◯◯　　　　　　　◯◯▲◯◯◯◯

3＋5＋1＝9（人）　　　　　　　　　2＋1＋4＝7（人）

六、教后反思

修改后的设计把目标定位在让学生借助图形用数学思维找到解决问题的方法，积累探究经验，体验成功的快乐，增强学习兴趣和信心。从课后学生的反馈中不难看出，我们的设计真正达成了这一教学目标，学生通过这节课的学习，充分感受到图形的妙用，为学生今后的学习和解决问题积累了经验，相信在今后的学习和问题解决中学生都能常常想起奇妙的图形，能自觉地借助图形解决问题。

新课程理念告诉我们，学生是学习的主体，对学生的学情分析就是我们进行教学设计的出发点。目标的制订必须从学生的实际情况出发，围绕学情制订切实可行的教学目标，才能确保制订的目标更具可观察性和可操作性，才能有效提高课堂效率。

当然影响教学目标设定的因素还有很多，如文本因素、环境因素、教师因素等等，它需要教师不断积累经验，不断反思，才能制订切实可行的教学目标，将课程理念真正落到实处。

（作者：林雪君）

第二编　图形与几何

图形与几何主要研究现实世界中的物体和几何图形的形状、大小、位置关系及其变换中的数学现象。小学阶段这一领域学习的主要目标是：让学生掌握相应的基础知识和基本技能，学会解决简单的实际问题，丰富对现实空间及图形的认识，更好地认识和理解生活空间，形成科学精神、科学态度以及审美意识，发展形象思维，培养空间观念和创新意识，为学生的终身学习和发展奠定坚实的基础。图形与几何教学对于学生数学思维的发展有着如此重要的作用，我们要如何进行这一领域的教学，才能真正实现这些目标的达成呢？下面的文章反映了我们在教学实践中的探索。

抓住本质属性　正确理解概念
——"平行与垂直"教学随想

案　　例

"平行与垂直"是人教版义务教育教科书《数学》四年级上册第5单元第一课时的教学内容。这节课的内容是在学生学习了线段、直线和射线的特点，初步认识了平行四边形、角的度量等知识的基础上进行教学的，主要内容包含：同一平面内两条直线的特殊位置关系，即平行与垂直。在"图形与几何"领域中，"平行与垂直"是学生今后进一步学习平行四边形、三角形、梯形等多边形的特征与面积的基础，也是学习长方体、正方体等的基础，为培养学生空间观念提供了一个很好的载体。

从学生的认知水平来看，由于他们对日常生活中蕴涵着大量平行与垂直的"原型"，已有初步印象。教材从引导学生动手画线入手，引导学生从中观察发现，形成概念。例1在教学平行与垂直的概念时，教材首先让学生在纸上任意画两条直线，并引导学生把所画的没有相交的两条直线想象延长后进行对比，发现有的相交了，有的还是没有相交，从而体会在同一个平面内两条直线位置关系有相交和不相交两种情况。从"永不相交"引出平行的概念。教材给出了平行线的意义，并介绍了平行符号，体现了数学的简洁性。对于两条直线相交的情况，教材通过让学生观察并量一量其相交的角度，使学生认识到垂直是两条直线相交的一种特殊位置关系，由此引出垂直的概念，并说明什么是"互相垂直""垂线"和"垂足"。教材结合3组不同摆放位置的垂线，介绍了垂直符号。使学生通过变式了解到垂直的本质特征，并学习如何用符号表示两条直线的垂直关系。

基于以上对教材的分析与理解，我在第一轮教学"平行与垂直"这节课时，走的是一般套路。教学思路简要介绍如下。

一、认识"相交"

1. 画两条直线。

在纸上任意画两条直线，会有哪几种情况？

2. 分类。

如果要把这几种情况分分类，可以怎么分？（注意：要判断所画的两条直线是否相交，不能只看它的表面，还要想象它延长后的情况。）

3. 认识"相交"。

像这样的两条直线的位置关系是"相交"，它们相交的点称为交点。

二、认识"平行"

1. 认识平行。

这两条直线不相交，像这样不相交的两条直线叫作平行线。

2. 同一平面。

打开课本第 56 页，看看书上是怎么介绍"平行线"的。谈谈对"同一个平面""互相"的理解。谁能完整地说一说什么叫作平行线？

3. 记法与读法。

通过学生尝试，教师范写、范读，集体评议等方法规范"平行"的记法与读法。

三、认识"垂直"

1. 认识垂直。

两条直线相交，形成了几个角？先观察，再量一量，这几个角分别是什么角？

像这样，两条直线相交成直角，就说两条直线互相垂直。这两条直线相交的点叫作垂足。垂直是两条直线相交中的一种特殊的情况。

2. 记法与读法。

通过学生尝试，教师范写、范读，集体评议等方法规范"垂直"的记法与读法。

四、小结

今天我们学习了同一个平面内两条直线的位置关系，有相交与不相交两种。在同一平面内不相交的两条直线就叫作平行线。两条直线相交成直角，就说这两条直线互相垂直。这就是我们今天学习的——平行与垂直。

五、基本练习

1. 判断平行与垂直。
2. 生活中的平行与垂直。

六、通过今天的学习，你有什么收获？今天我们都用了哪些学习方法？

反 思

上完了课，自我感觉良好。按照教材编写意图，顺利完成了教学任务，达成了既定教学目标，即使成不了精品课，至少也是一节好课吧。可是，之后的随访，出乎我的意料。没有了听课的老师，我想让同学们放松一点，谈谈上这节课的感受，说说还有哪些问题。想不到学生一下子提出了许多问题，比如：

什么是"位置关系"？

什么是"同一个平面"？

一定会"永不相交"吗？

除了"相交"与"不相交"，还有其他情况吗？

……

他们对这些问题依然似懂非懂，可是接下来发生的事更让我吃惊。学生提出许多问题后，我就问：那什么是"平行线"，什么是"互相垂直"总该懂吧？同学们都说"这个懂"，然后拿起笔在纸上随手"画"出互相"平行"与互相"垂直"的两组直线，高高举起让我看。唉！他们是这么想、这么"画""平行与垂直"的吗？看来，表面上热闹的课堂并不代表学生们的真实想法。"学"出现的问题一定要从"教"上找原因，回来后我对教材与教法都进行了重新的审视。

　　1. 关于"平面"。在之前的教材中，没有出现过"平面"一词，"平面"是一个新的数学概念。在认识直线、射线时，涉及对"无限延伸""无限长"的理解，具有较高的抽象性，学生已经很难把握。而"平面"——是一个平平的、无限大的面，相对于直线与射线更具有抽象性，理解起来更加困难。

　　2. 关于"位置关系"。之前学生认识过位置关系，主要是两个物体间的位置关系。如，一年级上册的"前、后、上、下、左、右"，三年级下册"确定位置（一）"中的"东、西、南、北"。两个物体间的位置关系本质上"点点"之间位置关系，可以用方位词进行描述。平行与垂直是"线线"之间的位置关系，该怎样描述呢？为什么要用"相交"与"不相交"来描述？"平面内的直线"是属于"线面"之间的位置关系，这个学生理解吗？那么，用"在同一个平面内不相交的两条直线"来定义"平行线"，学生会理解吗？

　　3. 关于"画"。当我问学生什么是"平行线"，什么是"互相垂直"这两个概念时，学生无法用自己的语言来描述，而他们对这两种图形产生了一定的表象，很自然地就想到用"画"来表达。至于为什么出现随手"画"的现象，我认为原因在教材与教法。教材中出现这样的话："在纸上任意画两条直线，会有哪几种情况？"而我（与许许多多的老师一样）教学时也是让学生"任意"画的，并把学生"任意"画的图形进行展示、确认。那么，在学生的心目中，觉得只要画得像"平行"、像"垂直"就可以了，这对今后的学习会产生很不良的影响。我认为，本节课的教学不宜让学生"画"。

重　　构

　　于是，我对本节课的教学进行重新构思，并展开了第二轮的课堂教学实验，收到了良好的效果。教学流程如下：

一、活动激趣，导入新课

1. 画一条直线。

同学们，会画直线吗？让同学们在纸上画一条，并用字母 a 表示。谁愿意画在黑板上？

说说直线有什么特点。

把黑板想象成一个平面，我们就说直线 a 在黑板这个平面内。

2. 摆一条直线。

如果要求在纸面上再画一条直线，你想画在哪里？这条直线不画，用小棒来代替，摆一摆，并用字母 b 来表示。

谁愿意到黑板上摆？

现在，黑板这个平面上有哪几条直线？（板书：两条直线）

今天，我们就是来研究在一个平面内"两条直线"的位置关系。（板书：位置关系）

二、观察辨析，明晰"关系"

1. 认识"相交"。

①（指着黑板上学生画与摆的两条直线）像黑板这一平面上画的这样的两条直线，它们的位置关系是什么呢？或者说这两条直线怎么样了？

（生：这两条直线有交叉。）

交叉用数学的语言说就是：相交。这样，我们就说直线 a 与直线 b 相交。"相交"是两条直线位置关系的一种情况。（板书：相交）

②我发现许多同学是这样摆的，这两条直线相交吗？

（生：不相交。生：相交。）

让不同想法的学生各自发表意见，进行辨析。因为直线是无限延伸的，把这两条直线想象得再长一些，画得再长一些，就相交了。（最后教师利用大屏幕验证）

相交的这个点就叫作交点。两条直线相交，有几个交点？为什么？

接着老师故意不停地移动小棒，摆了几种情况，让学生进行判断，结果都是相交的。

2. 认识"不相交"。

这时有许多同学举手，迫不及待地说他有不同的摆法，可以让两条直线不相交。我请一位同学到黑板上摆，并让说说是怎么想的。

这样摆两条直线就不相交了？刚才通过延长，两条直线相交了。我们也来试试看。（课件演示：分三次延长，始终不相交。）

不相交也是两条直线位置关系的一种情况。（板书：不相交）

同学们，看看你纸上的两条直线，摆成相交的请举左手，举好，不相交的请举右手，没有举手的同学请起立。都举手了，为什么呢？

小结：今天我们通过操作发现，两条直线在同一平面上的位置关系只有相交与不相交这两种情况。

三、思考表达，建立概念

1. 理解"平行"。

①像这样的两条直线叫作平行线。（课件再出示两组）

知道什么是平行线了吗？懂了吗？真懂的同学举手。到底什么叫作平行线呢？你能用自己的话说一说吗？不着急，先想一想，同桌互相说一说。

（生：两条直线，不相交。生：不相交的两条直线叫作平行线……）

②不相交的两条直线一定是平行线吗？（我把黑板上的小棒移到了讲台桌上）如果这条直线在这？相交吗？平行吗？（我把小棒又放回黑板）应该怎么说？还缺少一个什么前提条件？

（生：同一个平面。在同一个平面内不相交的两条直线叫作平行线。）

看看同学们说的跟数学家说的是不是一样。（播课件）读：在同一个平面内不相交的两条直线叫作平行线。也可以说两条直线互相平行。

③上图中直线 a 与直线 b 互相平行。为了方便，用一个符号来表示平行。记作 $a//b$，读作 a 平行于 b。

这里还有一个问题，"互相"是什么意思？

同学们尝试写一写，读一读。请一位同学到黑板上写，并请他告诉同学们，写平行符号时应注意什么，说说用符号表示有什么好处。

2. 理解"垂直"。

①前面，我们研究了两条直线不相交，也就是平行这种情况。接下来，咱们来研究相交这种情况。两条直线相交，形成了几个角？

（生：4个角。两个锐角，两个钝角。）

轻轻地、慢慢地旋转直线 b，仔细观察，这4个角发生了什么变化？

旋转到什么位置时，比较特殊。哪位同学愿意到黑板上来转一转？

（生：有一个是直角。其他3个也是直角。）

到底是不是直角呢？我们请三角板来验证一下。

②像这样，两条直线相交成直角（板书：成直角），就说两条直线互相垂直。这个交点有一个特殊的名称——垂足。其中一条直线中叫作另一条直线的垂线。如上图直线 a 与直线 b 互相垂直。

③垂直也用了一个符号来表示，知道是什么样子吗？试着创造一个。

记作 $a \perp b$，读作 a 垂直于 b。直线 a 是直线 b 的垂线，反过来说，直线 b 是直线 a 的垂线。

垂直是两条直线相交中的一种特殊情况。

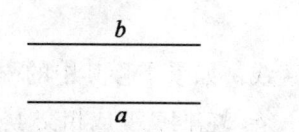

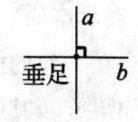

在同一个平面内不相交的两条直线叫作平行线，也可以说两条直线互相平行。 直线 a 与 b 互相平行。 记作：$a//b$。 读作：a 平行于 b。	两条直线相交成直角，就说这两条直线互相垂直。其中一条直线叫作另一条直线的垂线。 直线 a 与 b 互相垂直。 记作：$a \perp b$。 读作：a 垂直于 b。

四、沟通联系，揭示本质

1. 了解重合。

其实，同一平面上两条直线的位置关系还有一种，请看。（先画一条直线，再把小棒摆放在直线上）两条直线重叠在一起，这种现象就叫作重合。直线 a 与直线 b 重合。

2. 沟通联系。

还记得吗？过去我们学习过要变换图形的位置，有两种形式，就是平移与旋转。请同学们思考下面的问题：两条直线重合，变换其中一条直线的位置（平移或旋转），会出现什么情况呢？同桌合作，先动手移一移，转一转，把你的发现填在作业纸上。如果原先的两条直线相交或平行呢？

①直线 a 与直线 b 重合，如果（平移 旋转）直线 b，那么直线 a 与直线 b（互相平行 相交）。

②直线 a 与直线 b（   ），如果_____
_____。

（生：操作、思考、发现。）

3. 揭示本质。

重合在一起的两条直线，如果平移其中的一条，它们就不相交，也就是平行。如果旋转其中的一条，它们就变成相交了；如果旋转 90°，两条直线就互相垂直。

五、巩固练习，理解应用

1. 请你用今天所学的知识解决一些问题。

下面各组直线，哪一组互相平行？哪一组互相垂直？

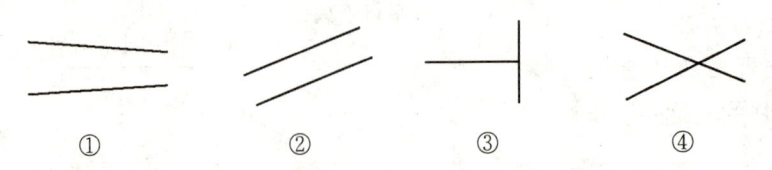

①　　　②　　　③　　　④

2. 如果两条线段所在的直线是互相平行（或垂直）的，那么也可以说这两条线段互相平行（或垂直）。其实，在我们之前认识的许多图形中，就有很多互相平行或互相垂直的线段。比如：长方形，对边互相平行，邻边互相垂直。

练 习

下面每个图形中哪两条线段互相平行？哪两条线段互相垂直？

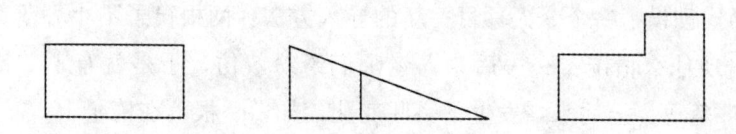

六、全课总结，欣赏图案

师：今天，我们认识了平行与垂直，从这两个词的许多笔画中也可以找到相互平行与垂直的笔画。通过这节课的学习，你们知道了什么？

在同一个平面内，两条直线的位置关系我们知道了两种：相交与不相交；如果不相交，也就是平行，如果不平行，那一定相交；当两条直线相交成直角时，这两条直线互相垂直。

平行与垂直是两种非常简单又非常精美的图形，在日常生活中有非常广泛的应用，请欣赏。（课件演示）

附：板书

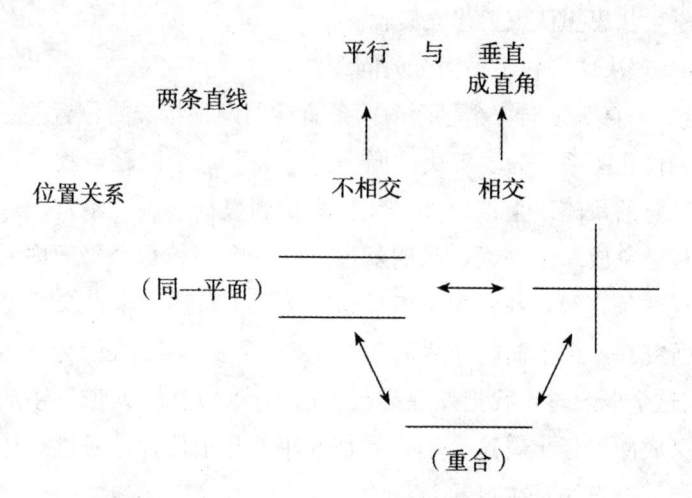

同课异构引发的思考

听过很多老师上"平行与垂直"这节课，联系自己的教学实践，下面谈谈课后的一些想法。

1. 为什么改"画"为"摆"？

本节课的导入有几种比较流行的做法。

一是"筷子说"。很多年前，某大师在上这节课时（当时的课题是"垂直与平行"），创设了一个令人耳目一新的导入方法：两根筷子不小心落在地上，可能会出现什么情况？……后来，老师们纷纷效仿，于是就有了"铅笔说""小棒说"等等。再后来，发生了一些变化，如，一根落在椅子上，一根落在地上等等。

一是"想象说"。出示一张白纸，让学生闭上眼睛，想象这张白纸变大，再变大，变得无限大；在这张白纸上出现了一条直线，又出现了一条直线。让学生睁开眼睛把刚才想象到的两条直线用直尺画在纸上。

不管是筷子说还想象说，最终都要回归到画图与分类上。分类本无可厚非，但不要为了在课堂上体现"动"，不惜代价折腾不同的分类方法。对于画图，我认为，在学生还没有掌握画"平行"与"垂直"的步骤与方法时，不宜让学生动手画，否则会造成负迁移。本节课的教学是从观念上建立"平行与垂直"的概念，而不是通过操作技巧来认识"平行与垂直"，而"摆"恰恰更容易让学生从思想认识上建立概念。

2. 如何解决"同一个平面"的问题？

"平行与垂直"是同一个平面内两条直线的两种特殊的位置关系，是"线线"之间的位置关系。为了解决"同一个平面"这个问题，我采用了逐步渗透，操作理解的策略。上课伊始，我让学生到黑板上画一条直线后，立即渗透"把黑板想象成一个平面，我们就说直线 a 在黑板这个平面内"。接下来，黑板上出现两条直线，我又说"黑板这个平面上有哪几条直线？""今天，我们就是来研究在一个平面内'两条直线'的位置关系"。在引导学生理解表达"平行线"这个概念时，我把摆在黑板上的小棒（直线 b）取下来放在讲台桌上，然后又放回黑板上。这个动作看似简单，却很传神，通过操作，让学生领悟到直线 a 与直线 b 在同一个平面上。

3. 怎样突破"永不相交"的教学难点？

两条线段互相平行（或垂直）。其实，在我们之前认识的许多图形中，就有很多互相平行或互相垂直的线段。比如：长方形，对边互相平行，邻边互相垂直。

练 习

下面每个图形中哪两条线段互相平行？哪两条线段互相垂直？

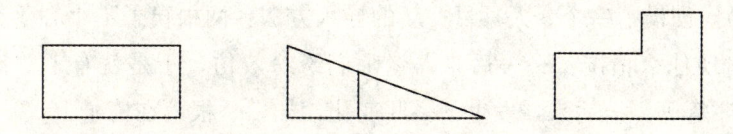

六、全课总结，欣赏图案

师：今天，我们认识了平行与垂直，从这两个词的许多笔画中也可以找到相互平行与垂直的笔画。通过这节课的学习，你们知道了什么？

在同一个平面内，两条直线的位置关系我们知道了两种：相交与不相交；如果不相交，也就是平行，如果不平行，那一定相交；当两条直线相交成直角时，这两条直线互相垂直。

平行与垂直是两种非常简单又非常精美的图形，在日常生活中有非常广泛的应用，请欣赏。（课件演示）

附：板书

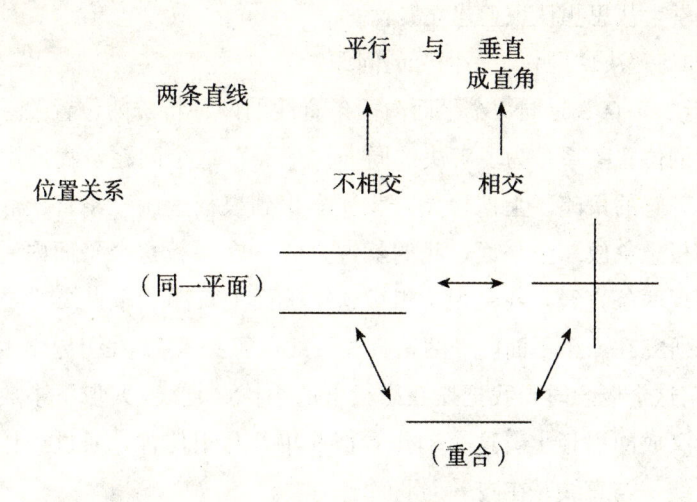

同课异构引发的思考

听过很多老师上"平行与垂直"这节课,联系自己的教学实践,下面谈谈课后的一些想法。

1. 为什么改"画"为"摆"?

本节课的导入有几种比较流行的做法。

一是"筷子说"。很多年前,某大师在上这节课时(当时的课题是"垂直与平行"),创设了一个令人耳目一新的导入方法:两根筷子不小心落在地上,可能会出现什么情况?……后来,老师们纷纷效仿,于是就有了"铅笔说""小棒说"等等。再后来,发生了一些变化,如,一根落在椅子上,一根落在地上等等。

一是"想象说"。出示一张白纸,让学生闭上眼睛,想象这张白纸变大,再变大,变得无限大;在这张白纸上出现了一条直线,又出现了一条直线。让学生睁开眼睛把刚才想象到的两条直线用直尺画在纸上。

不管是筷子说还想象说,最终都要回归到画图与分类上。分类本无可厚非,但不要为了在课堂上体现"动",不惜代价折腾不同的分类方法。对于画图,我认为,在学生还没有掌握画"平行"与"垂直"的步骤与方法时,不宜让学生动手画,否则会造成负迁移。本节课的教学是从观念上建立"平行与垂直"的概念,而不是通过操作技巧来认识"平行与垂直",而"摆"恰恰更容易让学生从思想认识上建立概念。

2. 如何解决"同一个平面"的问题?

"平行与垂直"是同一个平面内两条直线的两种特殊的位置关系,是"线线"之间的位置关系。为了解决"同一个平面"这个问题,我采用了逐步渗透,操作理解的策略。上课伊始,我让学生到黑板上画一条直线后,立即渗透"把黑板想象成一个平面,我们就说直线 a 在黑板这个平面内"。接下来,黑板上出现两条直线,我又说"黑板这个平面上有哪几条直线?""今天,我们就是来研究在一个平面内'两条直线'的位置关系"。在引导学生理解表达"平行线"这个概念时,我把摆在黑板上的小棒(直线 b)取下来放在讲台桌上,然后又放回黑板上。这个动作看似简单,却很传神,通过操作,让学生领悟到直线 a 与直线 b 在同一个平面上。

3. 怎样突破"永不相交"的教学难点?

老师们在上这节课时，都会遇到同样的问题，就是怎样突破"永不相交"这个教学难点，总感到束手无策。垂直还没有学，不能用"距离"来说明，通常的作法用线段（或尺子）比划，说明两条线之间的宽度相等，这也只能是权宜之计。正当我苦思冥想解决办法时，忽然灵机一动：为何不把这两条直线画在方格纸上呢？从图上明显看出：方格纸上的两条直线，中间隔着3个方格，无论怎样延长，还是隔着3个方格，所以会"永不相交"。采用这种做法，有举重若轻的感觉。

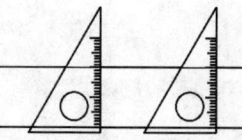

4. 如何引导学生表达数学概念？

教学中我们经常遇到这样的问题：学生知道"这"是什么？但"说"不出，或"说"不清。主要原因一是对所学知识不理解，或理解不深刻；二是数学表达能力比较差。数学表达是借助数学语言，将自己在学习过程中所获取的知识内容或所产生的观点、思想、方法以及过程有条理地、完整地表达出来。学生要用自己的数学语言表达对知识的理解，就必须通过思考，对知识进行重新提炼、加工、概括。因此说，表达是理解的一个重要标志。当学生在形象上建立起什么是平行线后，我问：知道什么是平行线了吗？懂了？真懂的同学举手。到底什么叫作平行线呢？你能用自己的话说一说吗？通过修订、补充，让学生明白描述平行线有三个要素：同一个平面、两条直线、不相交。

5. "平行"的本质是什么？

"同一平面内不相交的两条直线叫作平行线"，这是对"平行"的静态定义。用"不相交"来定义"平行"，为什么会不相交呢，却无法说明。什么是"平行"的本质？用运动的观点观察直线的位置关系，平行是直线平移运动的状态。一条直线，如果发生平移，与原直线的位置关系就是平行；如果发生旋转，与原直线的位置关系就是相交，当旋转90°时，两条直线就互相垂直；两条直线互相平行，其中一条直线发生旋转，那么这两条直线就相交了。数学知识不是孤立存在的，而是相互联系的，用运动、发展和变化的观点来学数学，既沟通了数学知识之间的内在联系，又揭示了数学的本质。

（作者：侯锦扬）

好课多磨
——"长方形的面积计算"研磨与反思

我在教育教学年会教研活动中执教了人教版三年级"长方形的面积计算"一课。亲历了一次次设计、实践、反思、重构、再实践的教学磨砺过程,对磨课的内涵有了更深的感悟。"磨"——意味着思想的碰撞和融合,意味着反复的推敲和揣摩,意味着不断深入的体验和感悟。"磨课"充满着集体的智慧和个人的深入思考与实践调控,有助于促进教师专业快速成长。

"磨"案

案例一:在第一次试教时,基于对教材的把握和学生原有的认知结构和生活经验的理解,我设计了四个教学环节帮助学生探究长方形的面积计算公式,并逐步引导学生理解算理,用长方形的面积计算公式解决生活中的问题。

一、复习旧知,导入新课

1. 回忆:学过常用的面积单位有哪些?测量长方形橡皮选用哪个面积单位合适?怎样测量它的面积?

2. 导入:明确提出今天的学习目的:寻找简便的计算长方形面积的方法。

二、提供材料,启发研究

1. 操作:为学生设计了摆小正方形测量长方形面积的活动,让学生通过摆面积为 1 平方厘米的小正方形测量给定四个长方形的面积。

2. 概括：观察面积与长和宽之间的关系，验证并概括出长方形的面积公式。

3. 说理：联系长与每行个数、宽与行数的关系讲清算理。

三、练习巩固，小结提升

课后，我一直在思考这样一个问题：作为教师我们在课堂中不仅要教给学生知识，更重要的是要活跃学生的思维，启迪学生的智慧，注重知识前后的联系，构建新的认知结构，着重让学生在已有知识和经验的基础上，以动手操作、观察分析、归纳总结的探究思路和研究的方式进行新知的探究。在综合了指导教师、教研组成员的意见和建议基础上，我认为这节课的教学应该把用归纳思想探索规律的过程作为教学的重点。我修改了教学流程：

案例二

一、复习旧知，导入新课

1. 回忆：我们学过常用的面积单位有哪些？测量这张长方形卡纸选用哪个面积单位合适？怎样测量它的面积？（生给出多种测量方法，为后续多样化地测量长方形的面积埋下伏笔。）

2. 导入：为了实际需要，今天要一起来寻找简便的计算长方形面积的方法。

二、合作交流，探索新知

1. 猜想：通过为学生创设长方形长和宽变化引起长方形大小变化的情境，我鼓励学生大胆猜想：长方形的面积与什么有关，有什么样的关系，怎样验证长方形的面积与长和宽有关？同时为下面的进一步探究，诱发了心理动机，做好了知识铺垫。

2. 操作：为学生提供一些 1 平方厘米的小正方形贴纸和学习单，师生共同合作通过动手测量长方形的面积以及长和宽，填写长、宽、面积的变化表。

3. 概括：借助多媒体课件观察发现并概括归纳长方形的面积与长、宽之间的关系，初步形成计算方法。在此基础上引导学生思考：光是这4个例子能直接得出结论吗？生要求多举些例子进行验证，通过验证归纳出的规律才具有一定的普遍性。

4. 说理：通过直观演示让学生联系长与每行个数、宽与行数的关系，理解长方形的面积＝长×宽的算理，并能够在教师的引导下，讲清算理。

三、练习巩固，小结提升

当学生归纳出长方形的面积等于长乘宽后，我引导学生回顾本节课的研究方法和过程。我们是用什么方法进行研究的？并与学生一起回顾推导计算公式的方法：猜想—验证—结论，我们先猜测了长方形的面积与长和宽有关，通过实验操作进行了验证，然后在动手操作摆一摆、量一量中发现了长方形面积与长和宽之间的关系，又通过举例验证了所有的长方形的面积都等于长乘宽，得出了长方形的面积＝长×宽这一结论。

同课异构带来的思考

1. 一种解读。两个教学设计都基于学生动手操作，都力图让学生通过测量、观察，自己归纳出长方形的面积计算公式。教材是执行课程标准、实现教学目标的重要载体。教材上的每一个章节、每一道例题都体现着一定的教学思想、蕴含着特定的教学意图。因此，磨课首先要对教材内涵及编排意图进行深度解读，发现教材中隐含的教学要求、教学顺序及编排意图，使之更好地为课堂教学服务。人教版教材在"长方形的面积计算"的编排中，以面积含义为基础，以度量的本质为核心，由具体到抽象层次递进地设计了学生的探究活动。首先设计的是用具体面积单位测量长方形面积的活动。活动后在计数所用面积单位的个数时，教材呈现了两种最基本的方法：一是直接数出面积单位的个数，这是最朴素、最基本的方法；二是数出每行的个数和行数，用乘法计算出面积单位的个数，为面积公式的形成提供了直观经验。接着教材呈现让学生通过摆多个长方形的活动，探索长方形面积与它的长和宽之间的关系，并以表格的方式进行记录，从中概括长方形面积公式的活动情境。教材的这种编排意图就是引导学生从具体个案探究到各种个案比较中进行概括归纳，体现引导学生从形象思维向抽象思维发展的历程。因而这也应是我进行教学设计的基本思路。

2. 两种细节处理。试教的过程中发现学生在拼摆时耗时较多，汇报和验证时小正方形会在纸面滑动，导致测量出现误差。仔细琢磨就会发现案例一的教学设计存在着思维含量小、缺少目标意识、缺失主体意识的弊端。学生被引着一步一步向前走。被动地接受知识，禁锢了学生学习的自主性，致使在探究长方形的面积与长和宽的关系时兴趣大减，探究得不够深入，得到的结论多是在老师的引导下完成的，直接影响到后续的算理理解和新知应用，没有真正地达到理想的教学效果。案例二的教学过程中，学生不仅获得了长方形面积计算的公式，更获得了长方形面积计算的探索方法，这样的教学有利于培养学生的合情推理能力，让学生在获得知识的同时体会和运用归纳的思想方法，积累探索规律的数学活动经验。通过这样的教学，学生今后在探索其他图形的计算公式时就能运用这一活动经验进行大胆的猜想，能自觉运用归纳的思想发现数量之间的关系，总结计算的公式。

3. 两种教学理念。两种不同的细节处理体现了两种不同的教学理念，前者学生是被动操作，为了测量而测量，后者安排探究活动的目的是让学生通过一系列主动的学习过程达成科学的结论。这就要求教师在进行教学设计的时候不仅要读懂教材，还应该透过数学知识本身，读出隐藏在数学知识背后的数学思想和探索数学知识的经验，以此来指导自己的教学设计。学生收获的不仅仅是数学知识，也在这个过程中获取了重要的数学思想方法，积累了数学活动经验。

本次磨课让我亲历了在艰难中孕育，在磨砺中成长，在希望中破茧的过程。磨课，磨出了具有深度、具备效度、蕴含力度、富有韧度的数学课堂。磨课，将伴随我们在专业成长的道路上不断前行……

(作者：赵榕甦)

几何教学的四部曲

图形与几何作为小学数学的四大学习领域之一，它的教学有着独特的魅力，它不仅仅是简单的认知并运用，更为关键的是要借助图形与几何的教学培养学生的空间观念和创造能力。为此，笔者将几何教学中的几个核心词——认知、体验、想象、创造——简单地称为几何教学的"四部曲"。认知，强调的是学生对所学知识或所认识物体的认识和了解，有对事物的外形或特征进行认知，也有深入数学本质的认知。体验，强调的是教学过程中学生的经历体验和感悟，每个教学过程都要参与经历，而不是传统的被动式接受。想象，是空间与几何教学的核心，培养学生的空间想象能力一直是我们教学的重要目标之一。创造，即以已有的认知和经验为基础，有意识地将它们综合运用起来，构建出数学模型，这也是我们教育的最终目标，培养富有创造性的人才。"四部曲"中认知是基础，体验是过程，想象是能力，创造是提升，"四部曲"各自有着自己的目标、环节和过程，但它们是不可分割、互相融合的有机整体，认知不全都是基础，我们可以在经历体验之后再提升认知，也可以在原有起点认知的基础上想象、探究、创造之后，再总结认知。因此，这四部曲不是逐个排序、层层拔高的固定模式，是可以有效合理配合使用的灵活的共同体。

缘 起

我先后两次在市级和省级教学比赛观摩中教学空间与几何范畴中十分典型的一节课——"长方体的认识"。两次比赛，两次截然不同的教学设计，两种都爱不释手，不能断定说哪种更好，哪种更适合，但是从两次比赛的磨课过程中，从同课异构的对比分析中可以摸索出，几何图形认识这一课型的教学离不开认知、体验、想象、创造这四个主要因素。

案例一：我设计了如下的五个环节，先通过原有的知识经验，造成认知矛盾冲突，再通过实物的感受和体验，对长方体进行整体认知。接着以各种探究活动为载体，让学生们在亲身经历和体验的过程中，发展空间想象能力，培养创造能力。

一、情境激趣，导入新课

创设猜礼物情境，先让学生在头脑中形成长方体的形状，再通过萝卜形成鲜明的落差，激发探究的欲望和学习的积极性。

二、具体感知，初探特征

1. 观察感知：课件演示切萝卜，让学生具体感知萝卜形状的变化，慢慢地逐步认识面、棱、顶点，感受各个部分的产生过程。

2. 语言表达：现场切第六刀，通过斜切产生认知冲突，引导学生用语言表达出原有认知中正确的长方体。

3. 操作感受：让学生摸一摸，数一数，比一比，进一步直观感受长方体，形成较完整的印象。

三、直观感悟，感受棱的特征

1. 观察变化：课件演示棱的逐次减少，发挥想象，体会构建成长方体的要素：相对的棱长度相等，直至最后无法少去的3条重要的棱，水到渠成地认知长、宽、高三要素。

2. 理解变化：感受长、宽、高变化决定长方体的大小。

四、空间想象，选面创造长方体

1. 小组合作：选择合适的面创造长方体。

2. 小组汇报：先汇报选择的面，让大家想象能否围成长方体，接着通过课件演示动画，将头脑中的想象抽象出具体的模型，进而总结出长方体面的特征。

3. 同时认识特殊的长方体及其特征。

五、联系生活，小结提升
……

案例二：我设计了如下五个环节，让学生在初步认识面、棱、顶点的基础上尝试操作，搭建长方体，在经历操作之后，再借助成功的经验，以活动体验等方式来认识长方体的特征，发展空间想象力，进而对特征加以应用。

一、情境激趣，引入面、棱、顶点

展示切萝卜的情境，让学生经历和感悟面、棱、顶点产生的过程：切一刀，产生一个面；切第二刀，又产生一个面，面与面相交的一条边叫作立体图形的棱；切第三刀，又多了一个面的同时，多了两条棱，，棱与棱之间的交点就是立体图形中的顶点。

二、自主探究，认识长方体顶点和棱

1. 操作搭建：读懂活动要求后，学生利用我提供的小棒、接点等材料来操作搭建长方体。

2. 认知顶点：根据成功学生的经验，以分享交流为载体，认识长方体的顶点个数，并能有序地数出。

3. 感知棱长：仍然以分享交流为载体，多样化有序地数棱，在数的过程中体会到棱可以根据长短进行分类，同一类的棱在位置上都有共同的特征

——相对，进而将相对的棱和长度相等的棱联系起来，直观感知相对的棱长度相等。

三、启发想象，认识长方体的长、宽、高

1. 认识要素：依次去掉棱，想象长方体的大小，来认识长、宽、高三要素及其重要性。

2. 想象变化：通过改变长、宽、高的长度来想象长方体的大小的变化，进一步感受长、宽、高的重要性。

四、选择材料，认识长方体的面

1. 感受"面"的特征：通过选择一对一对的面，感受相对面完全一样的特征，并感受本质是因为：相对的棱长度相等。

2. 认识特殊性：改变长、宽、高为特殊的长方体，通过选择4个一样的长方形和2个一样的正方形，认识特殊的长方体。

五、联系生活，运用总结

同课异构带来的思考：案例一的教学框架基本上与教材及大部分教师教学的框架类似，都是先整体感知，对长方体先有个整体的认知，然后再通过各环节和活动让学生体验数学，感受数学，进一步深入探究长方体的特征。在这些探究经历的过程中，学生需要手脑配合，运用观察、对比、分析、实验、推理、抽象、建模等等许多方式来学习，在此过程中，空间想象能力得到锻炼和发展。当然，最后还是要有将知识运用和提升的过程，即运用已有的认知经验，发挥想象，创造出一个数学模型。这是一个由浅入深、由表及里的认知过程，让教学循序渐进，慢慢加温，最后得到升华。而案例二的教学框架打破常规，让学生在初步认知长方体基本元素的基础上进行操作。当然，这里的操作是学生在原有的生活经验的基础上进行的。因为，学生对于长方体的认识并不是零起点，不论是在生活还是在低年级的数学学习中，学生都接触过长方体，并且对长方体有着一定的认识和体验。我们设计先操作的目的，就是将学生原有的认知和经验显性化，让它通过操作表现出来，从中体验数学成功的喜悦，更为关键的是可以将成功的经验进行分享，并作为载体进一步深入地探究长方体的特征。这样的教学模式，同样培养了学生的空间观念和创造能力，亲身经历了这样的创造过程，为接下来进一步深入的认知奠定了坚实的基础。两种截然不同的设计，教学效果都非常好，学生趣味性高，都能积极主动地参与到每一个教学环节中去，不仅掌握和巩固了基础知识，还锻炼了各方面的能力。所以，教无定法，贵在得法，只要是符合儿童心理、符合认知规律的都能成为成功的教学经验和方法，并不一定要按照某种固定的教学套路。那么，图形与几何的教学究竟要把握哪些要素才能不偏离方向？才能教得踏实？才能走得长远呢？

策略探讨

带着以上同课异构的感受和思考，我认为数学教学，最核心最终的目的就是培养和输送具有数学学科素养的人才，说得白一点就是具备能解决生活和工作问题的数学能力。所以，在图形与几何这个领域，培养学生的空间意识和创造能力尤为重要。笔者认为，在该领域的教学过程中，"认知、体验、想象、创造"是四个不可回避的关键词，姑且称之为几何教学"四部曲"。

一、认知——几何教学的"起点"

如果我们的教学完全抛开知识的学习和掌握，一味地只注重能力和素养，将数学教学提升到一个华而不实的层面，那是浮夸的，是盖不起高楼大厦的。为此，即使是课改多年的今天，我们依然不能忽视认知的重要性。在提倡素质教育的新课堂中，认知是整个图形与几何的教学起点：情境引入环节是为了从生活或者趣味中激发认知的欲望，也是对已有认知的重新整合和提取；探究新知环节更是学习认识新知的主要环节，绝大部分知识与技能方面的教学目标都要在这个环节中完成；而后在提升环节中运用新知解决问题，对知识又有新的理解和认知……由此看来，认知是我们教学的"起点"，更是不变的主旋律，不论用什么样的教学策略和方法，先认知再发展，还是先探索再总结认知，我们都要将这个主旋律"演奏"好。

例如六年级的"圆的面积"一课，我在教学的时候，特别注重知识间的联系和拓展，尤其是知识的再生成，用有效问题让学生层层深入地探究数学的本质问题，感受深层次的认知过程。在圆转化成长方形的问题中，除了注重长方形和圆各部分的联系，以及公式的推导之外，我还重点引导解决了三个问题：1. 怎么理解拼成的是近似的长方形？让学生们闭上眼睛想象：当平均分的份数足够多，那么这里的弧就越来越小，直到变成一个点，那么这么多点连起来……学生通过想象，再结合课件相对份数较多的图，就很容易接受转化成长方形的观点。甚至有学生说，那就不是近似了，完全就是长方形了，从中感受圆和变化的长方形面积是相等的。有了这样抽象和直观相结合方式的活动经验的积累，对于这个转化和极限的数学思想的理解自然不成问题。2. 转化的过程面积是不变，那周长呢？让学生学会全面辩证地看问题，通过观察、分析等活动，学生能明确地指出：原来圆的周长只是长方形的两条长，那么长方形多出了两条宽，就是原来圆的两条半径。又一次深入地探究了图形变化的本质问题，形成了新的认知。3. 转化的长方形可以任意变化的吗？还是长和宽有固定比例？学生都能用自己的语言定性地说：长方形的宽是半径，长是圆周长的一半。半径长了，周长的一半也就长了，半径短了，周长的一半也就短了。在笔者的引导下，学生不仅能通过倍数关系来解释，为什么形状是固定的，又进一步探究了公式推导过程中图形变化中的数学本质问题，体验了成功的喜悦。通过三个层层深入的问题的引导，学生对于圆的面积公式的推导过程有了更加深刻的认知，知识学得更活更深入。而一切的灵活与深入又恰恰离不开扎实的认知这一基础。由此可见"认知"始终是几何教学的"起点"，是教学是否有效的关键之一。

二、体验——几何教学的"核心"

2011年新课标中指出，经历和体验在数学学习过程中是很重要的。小学数学由"双基"变"四基"，其中就增加了基本活动经验的积累，也就是说课堂上，学生要注重经历和体验，并不断累积基本的活动经验。这就要求，我们的课堂教学不能再穿新鞋走旧路，继续以讲授方式来组织教学，应当让学生在亲身经历和体验中来掌握知识技能、获取活动经验和思想方法。只有学生全面探究、亲身体验的知识，才能内化为记忆深处的认知；只有学生全面操作、亲身体验，才能内化为熟练掌握的技能；只有学生全面参与、亲身体验的过程，才能内化为科学素养的经验；只有学生全面提问、亲身体验的问题，才能内化为解决问题的思想方法。因此，体验是几何课堂教学的方法和策略，也是途径和过程，是实现课堂教学目标的有效载体和体现学生学习主体地位的课堂理念。体验，是几何教学的"核心"。

因此，教学的每个环节都应让学生充分体验，获得活动经验。例如五年级的"长方体的认识"一课，我在情境引入和新课初探环节中设计了两个认知冲突，让学生在矛盾中体验学习。出示课题之后，我问："老师带来了一个礼物，猜一猜，这里面装的长方体是什么？"学生很有兴趣地猜各种长方体的物体。但是教师拿出的却是一根萝卜，学生哄堂大笑。教师问："笑什么啊？它怎么就不是长方体呢？"学生明知不是，却无法用语言准确描述。通过这么一个矛盾的情境，学生经历了认知冲突，他们开始体验到生活中明显不是长方体的物体要说出它为什么不是长方体，还需要进一步的学习，于是就兴趣盎然地开始认识长方体。教师仍然以萝卜为主题："那怎么切，才能把它切成一个长方体呢？切几刀？"通过课件演示前五刀的切法，学生亲眼经历和体验，体会到了面、棱、定点这三要素的形成，根据前面的经验，这第六刀下去一定是个长方体。但是，教师现场切的第六刀，却是斜的，学生又一次遇到了认知冲突："不是说再一刀就是长方体了？它为什么不是？"学生随之进行了热烈的交流反馈。通过这样反复出现矛盾过程的体验和经历，学生始终带着好奇心和强烈的求知欲来学习长方体的知识，自发调动所有的已有知识和经验进行重新整合梳理并提炼，进一步去探究长方体的特征，感悟了科学研究与生活直观感悟的区别，提升了对数学的认识。

三、想象——几何教学的"关键"

数学需要想象。作为新课标中确定的核心概念之一的空间观念，很大层面上也是要依据空间想象能力的。正如爱因斯坦说过："想象力比知识更重要，因为知识是有限的，而想象力概括世界上的一切，推动着进步，并且是知识进化的源泉。"空间想象能力是几何素养中关键的一个能力,对于今后发展空间思维解决几何问题来说,是不可或缺的能力。因此,在图形与几何的教学中,培养学生的空间想象能力成为该类课型培养学生数学素养和数学能力的关键目标。培养了空间想象能力,学生们才能够更全面地认识图形的相关知识;培养了空间想象能力,学生们才能够更全面地运用知识解决更多的问题;培养了空间想象能力,学生们才能够更全面地发展自己的数学思维和能力。所以想象,是几何教学中的关键,它影响着对事物的认知,是对知识的运用、思维的发展的决定因素,同时也把控着课堂的方向。

例如五年级的"长方体的认识"一课,不论是哪种框架下的教学设计,笔者总少不了在认知长宽高的环节中培养学生们的空间观念这一环节:在PPT上演示将一个长方体实物抽象成立体图的过程,教师问能想象出原来长方体的大小吗?学生们都能接受从具体实物抽象成数学模型的过程。接着,课件去掉一条棱,继续问还能想象出原来长方体的大小吗?小部分学生觉得困难,绝大部分学生还是能够想象出来。但是想象也是要有依据,于是教师继续追问怎么想象的?部分学生会回答点连点就行,部分学生会提到根据相对的棱长度相等来想象。不论是点连点还是相对的棱,学生们在解释想象依据的时候又一次从数学的角度进行了想象。有了前车之鉴,后面连续去掉棱,学生们都能利用知识迁移和想象能力,想象出消失掉的那些棱。当只剩下两条线段的时候,学生们就能感受到其中一个方向找不到它相对的棱了,进而体会到相交于一个顶点的三条棱对建构长方体的重要性。接下来,介绍了长宽高之后,继续通过想象体验长宽高的重要性。相交于一个顶点的三条棱,分别进行长短的变化,让学生们在脑海里想象,再用手比划大小,将抽象化的事物具体化,最后PPT出示完整图进行验证。反复想象几组,学生们的空间意识得到锻炼,想象能力得到发展。当然,空间观念和想象能力并不是靠一节课、几个环节就能培养起来的,它应该是一种观念,一种在图形与几何课型上确定方式方法的"关键意识"。只有通过这样的想象,才能做到润物细无声地渗透空间意识,培养空间想象能力。

四、创造——几何教学的"升华"

我国教育家陶行知先生曾说过:"教育不能创造什么,但它能启发儿童创造力，以从事于创造工作。"2011年新课标在基本理念、核心素养和总目标等多处提及创新意识，强调创新意识的培养是现代数学教育的基本任务，应该贯穿数学教育的始终，图形与几何教学也不例外。培养好了创新意识，学生们能够多维度得到提升，才会自主发现问题和提出问题，才会独立思考和分析问题，才会概括归纳出规律和本质，才会用严谨的数学逻辑来验证。思考问题的角度才会多样化，分析问题的能力才会合理化，解决问题的方式才会有效化，提升数学素养的模式才会丰富化。因此创造能力的培养是几何教学的终极目标，我们在教学中一定要留给学生充足的时间和空间让学生自由地想象和创造。例如六年级"圆柱体的认识"一课，在认识了圆柱的特征之后，教师提供若干对圆纸片和一张长方形纸张（其中一对圆的周长与长方形长相等，一对圆的周长与宽相等，其他对圆的周长与长方形长宽没有必然联系），还提供一面带小棒的长方形小旗，以及一些一样大小的塑料圆片，让学生根据圆柱的特征，利用以上材料来造出圆柱。让教师惊喜的是，第一种材料，学生除了围出预设的两种圆柱之外，还创造性地将长方形纸适当地重叠一部分，卷成与其他圆形吻合的圆柱体侧面。更为惊喜的是，有的学生还说：这张长方形的纸可以卷出无数个圆柱。当同学们质疑底面在哪的时候，他就说这是个不完整面的圆柱，让大家想象出两个圆来作为底。无独有偶，在第三种材料的汇报上，同样也有学生说，不同数量的塑料圆片叠在一起都是不同的圆柱，哪怕是一片塑料圆片，也能找到底面、侧面和高。学生们已经将所学的知识完全内化，并运用这些知识合理地重组材料，有的甚至脱离了教师所准备材料的束缚，创造出许多新的圆柱体。在创造圆柱的过程中，学生们充分发挥他们的智慧和空间想象，创造出一个又一个惊喜，感受着数学世界的魅力和快乐。

当然，还是那句老话："教无定法。"只要是合理的，只要是利于学生发展和提高的，都是好的教学方法和策略。"认知、体验、想象、创造"这几何教学的"四部曲"也不是按照固定顺序逐个进行的，可以根据学生们的发展和提高的需要，合理地排序，合理地搭配，让这"四部曲"有机地结合在一起，才能为图形与几何的教学增光添彩。

（作者：李旭）

把握数学本质　积累活动经验
——"三角形的内角和"教学实践与反思

缘起，同课异构的压力

我作为福州市小学数学林碧珍名师工作室的成员，接到一项任务，将与全国名师俞正强老师同课异构"三角形的内角和"一课，对我而言既兴奋又焦虑，"三角形的内角和"一课已有许多专家、名师们执教过，常见的教学环节如下：

（一）创设情境，引出课题

（二）动手操作，探究问题

1. 测量并计算两个三角尺的内角和，发现它们的内角和都是180度。
2. 进行猜想：其他三角形的内角和也是180°吗？
3. 动手操作，进行验证：怎样验证三角形的内角和是不是180度？

（1）测量法，通过测量发现了什么？

小结：通过测量发现三角形的三个内角和都在180度左右。其实所有三角形的内角和都是180度，只是因为我们在测量时会出现一些误差。

（2）想一想，还有其他的方法吗？介绍剪拼法或折的方法。

（3）总结：同学们用测量、剪拼等方法证明了无论是什么样的三角形，它的内角和都是180度，因此三角形的内角和就是180度。

（三）应用知识，解决问题

这是我们熟悉的教学过程，俞正强老师会怎样上这节课？而我又如何在这节课中有一些创新和超越，体现自己的教学思考？

研究，通读课标与教材

是教会还是学会，是两种不同的教学理念。为了把握正确的教学理念，我又一次认真通读了《课程标准》，仔细研究了人教版、北师大版以及苏教版的教材，对比它们在教学内容编排上的异同点。三个版本的教材在内容的编排上都凸显了：让学生通过自己动手在量、算、剪、拼等操作活动中去发现、证实三角形的内角和是180度，使学生在自主探究与合作交流中经历知识形成的过程，领悟转化思想在解决问题中的应用，从而学会。

思考，数学本质怎样把握

随着研读教材的不断深入，我能够更加理性地思考：我们的课堂在坚守生活化、趣味化、情境化的同时，是否更应该关注课标所倡导的把握数学本质，努力达成"四基"？那么什么是"数学本质"？其实我们在课堂教学中强调的"数学本质"一般的内涵是：数学知识的内在联系；数学规律的形成过程；数学思想方法的提炼；数学理性精神的体验等。基于以上认识，我备课的焦点便落到如何把握数学本质、设计有价值的让学生学会的数学活动上，因此我确定了本节课的总体思路：让学生经历类似数学家的数学活动过程——数学猜想、操作探究、证明推理、总结应用等环节。以下是备课过程中我的思考：

问题一：操作探究的学具（测量与剪拼用的三角形）是学生自己准备，还是教师统一准备？

问题二：学生是否已经知道"三角形的内角和是180度"。如果学生已经知道这个结论，操作时不自觉地用结论调整自己的测量，制造一个"伪结果"，该如何处理？

问题三：除了用测量的方法，学生还会用哪些方法进行验证？

问题四：小学阶段，操作是探索图形性质的手段，但是在操作过程中出现的误差该怎么解决？可以回避吗？

问题五：虽然小学阶段不要求学生进行严格的证明，但是不代表学生没有推理的意识，本节课是否可以向学生适当的渗透数学证明思想？

带着这些问题，我在精心设计的基础上进行教学尝试。

尝试，教学实录

一、观察猜测

1. 认识内角，引出课题。

课件出示：一个锐角

师：这是一个（锐角），连接这两点形成一个锐角三角形。

师：我们知道三角形有三条边，三个角，这三个角也称为"三角形的内角"。（板书：三角形的内角）

师：现在老师要再添上一个"和"字，什么叫"三角形的内角和"？说说你是怎样理解的。

生：三角形三个内角的度数和。

师：是的，今天我们就一起来研究"三角形的内角和"。

2. 对比分析，引发猜想。

师：继续观察，还是这个锐角，现在旋转它的一条边变成了一个直角，连接这两点形成了一个直角三角形。

（课件接着演示锐角变成钝角，再变成钝角三角形的过程。）

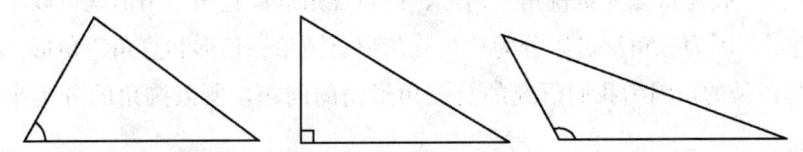

师：仔细观察比较这三个三角形，你认为哪个三角形的内角和最大？

生1：我认为应该是一样大的。

生2：钝角三角形的内角和最大，因为钝角最大。

生3：我不同意，虽然钝角三角形中钝角最大，但是它的其他两个角都比较小。

师：观察得很仔细，在观察一个角变大的同时还发现了另外两个角变小了。

师：继续观察，现在我旋转钝角三角形的一条边，使这个钝角不断地变大、变大、再变大……你看到了什么？（课件动态演示）

生：钝角三角形中钝角越变越大，而另外两个锐角越来越小。

师：想象一下，如果继续变大，这个钝角就越来越接近……（平角、180度），而另外两个角的大小会怎样？

生：越来越小，接近0度。

师：猜想一下，三角形的内角和可能是多少度？

生1：三角形的内角和可能是180度。

生2：我同意生1的观点，三角形的内角和可能是180度。

二、操作探究

1. 提出问题，引导探究。

师：三角形内角和是180°是我们的猜想，那么三角形的内角和到底是不是180°呢？你有什么办法来验证？

生：可以用量角器量出三个角的度数，然后相加。

师：这是一个最直接的方法，我们把它叫作测量法。

师：可是三角形有无数多个，你们量得完吗？我们要量哪些三角形才能说明问题呢？

生1：我觉得只要量锐角三角形、钝角三角形、直角三角形就可以了。

生2：因为三角形可以分为锐角三角形、钝角三角形和直角三角形。

师：是的，因为我们研究的是三角形角的问题，所以按角的分类来研究更合适。

师：还有其他的验证方法吗？

生3：可以把三角形的三个角剪下来，然后拼在一起。

师：谁听明白她的想法了？

生4：（拿着三角形纸片比划着）就是把这三个角先剪下来，然后把这三个角拼在一起。

师：想象一下，如果把三个角剪下来拼在一起，会拼成一个什么角？

生：平角，因为平角是180度。

师：有道理，咱们把这种方法叫作剪拼法。还有其他的方法吗？（学生没有想出折的方法）

2. 操作探究、动手验证。

师：请同学们利用学具袋中的学具，选择你喜欢的方法进行验证。友情提示：咱们要像数学家那样认真严谨、实事求是地验证，千万不能粗心马虎哦！

学生操作，教师巡视并分别请六位用测量法的学生上台演示汇报。

3. 交流反馈，适时评价。

①测量的方法。

师：这六位同学用了测量的方法，我们一起来看看吧。

生1：我测量的是锐角三角形，$\angle 1=43°$、$\angle 2=67°$、$\angle 3=70°$，它的内角和是180°。

生2：我测量的也是锐角三角形，$\angle 1=45°$、$\angle 2=68°$、$\angle 3=70°$，它的内角和是183°。

生3：我测量的是直角三角形，$\angle 1=38°$、$\angle 2=52°$、$\angle 3=90°$，内角和是180°。

生4：我测量的也是直角三角形，$\angle 1=38°$、$\angle 2=53°$、$\angle 3=90°$，它的内角和是181°。

生5：我测量的是钝角三角形，$\angle 1=40°$、$\angle 2=27°$、$\angle 3=110°$，内角和是177°。

生6：我测量的也是钝角三角形，$\angle 1=40°$、$\angle 2=27°$、$\angle 3=112°$，它的内角和是179°。

（生汇报，师板书：180°、183°、181°、177°、179°）

师：刚才同学们汇报了自己测量得出的结论，答案有所不同，有180°、

182°、181°、177°、179°，这些答案哪一个是正确的？这样吧，咱们来做一个调查，测量结果是180°的同学请举手，好的！大多数同学是180°，咱们就选180°吧，可以吗？

生1：不行，数学是很严谨的。

生2：我不同意，也有可能是大多数人错了，因为真理往往掌握在少数人的手里，但这也不是绝对的。（听课的老师们给生2以热烈的掌声）

师：是个会思考的学生。是呀，数学是一门严谨的学科，那该怎么办？

生：再量一遍。

师：有道理，看来咱们还不能轻易地下结论，还得再研究研究是怎么回事？

师：（出示生1、生2的作业）看，这两个锐角三角形是一模一样的，为什么量出的角的度数会不同呢？

生1：可能是在测量的时候有的同学是看线内、有的同学是看线外。

生2：可能是量角器不同，有的量角器中心有小孔，就不太好量。

生3：在量的时候，可能是顶点没有对齐。

师：是的，在测量的过程中，由于测量工具、测量方法的不同，测量结果会有差异，这种差异叫作误差，减少误差的方法就是要多量几次，尽量减少误差。

②剪、拼的方法。

师：现在我们来看看剪拼法吧，谁愿意上来汇报、展示？

生1：我把钝角三角形的三个角剪下来，拼成了一个平角。

生2：我把直角三角形的三个内角剪下，拼成了一个平角。

生3：我用了锐角三角形的三个角，也拼成了一个平角。

师：有什么问题想问他们吗？老师有一个问题想问问你们，在拼角的过程中要注意什么？

生1：要把角的顶点对齐，角的边要紧挨着。

师：说得好！老师这儿有一位同学没有拼出平角，是什么原因？你们能帮帮他吗？

生：他没有把顶点对齐。

生：他找错角了，他拼的不是三角形原来的三个内角。

师：是的，三角形的三个内角在图形中咱们不会找错，可是剪下后，就不太容易找了，有什么好的方法呢？

生：在剪之前，可以先做上记号，这样就不会错了。

生：可以像这样标上∠1、∠2、∠3。

师：这是一个好方法，现在请没拼出平角的同学用这个方法再试试。

师：现在可以下结论了吗？三角形的内角和是多少度？

生：（齐答）180度。

师：确定？肯定？一度不差？（面对老师的质疑，少数的学生开始动摇了，他们在窃窃私语。）

生：不一定，看上去是平角，也许不会正好是180度，如果差1度、2度凭我们的肉眼是看不出来的。

生：老师刚才说过测量存在误差，拼角也会有误差，看，那儿就有一点缝隙。（指着屏幕上学生的作品）

师：是的，咱们在拼角时要做到一点缝隙都没有，顶点对得很准，角的边要完全重合，是很困难的，所以拼角也存在误差。

师：听到这，你们有什么想说的吗？

生：量角有误差，拼角也有误差，还有什么方法吗？

师：这个问题问得好！数学知识总是在不断的失败和尝试中获得的。

师：同学们，你们敢于猜想、积极探究！太棒了！今天咱们经历了数学家们的探究过程，数学家们认为虽然测量和剪拼能得到三角形的内角和是180°的结论，但是因为误差的存在，这两种方法都不够严谨，最后他们用了数学证明的方法得到了这个结论。现在咱们把这个结论齐读一遍吧。

4. 介绍帕斯卡的证明方法。

师：想知道数学家们是怎样证明的吗？

生：（齐声回答）想！

师：很遗憾，今天老师还不能告诉你们，将来让中学的数学老师告诉你们吧。（学生似乎有些失望）

师：不过别失望，在这儿我要提前向大家介绍一位数学家的证明方法。

师：在 300 多年前，法国有一位数学家，叫帕斯卡，他在 12 岁时，用了自己的方法证明了这个结论，我们一起来看看吧。

三、拓展应用

1. 师：如果现在给你一个三角形，要知道它的三个内角分别是多少度，你需要量几次？为什么？

2. 你能用今天的知识解释课前我们看到的这个现象吗？（课件重新播放三角形的一个角变大，另两个角变小的过程。）

四、全课小结

今天这节课我们用了什么方法学习新知识？你有什么收获？

反思与感悟

一、探究学具的准备

操作探究的学具（测量与剪拼用的三角形）是学生自己准备，还是教师统一准备？本节课为了让学生认识误差的存在，由教师统一提供了学具，这样才能排除学具差异因素的干扰，便于在课中进行比较：同样的三角形，为什么会得到不同的结果呢？

在试教的过程中，每次都有学生拼不成平角，原因是他们把三个内角剪下后，找不到原来的内角，把剪下后形成的新的角与原来的内角混了，因此听课老师建议为什么不在学具上标上∠1、∠2、∠3，这样可以让学生少走弯路。我认为，在操作探究中，教师尽可能不包办代替，不事先标上角的符号为好，这样让学生在试误中感悟道理，积累经验，有利于学生养成先思考再动手操作的良好习惯。

二、正确对待误差问题

相信上过这节课的老师都会遇到"误差"问题，我也不例外。在课前的调研中，我让一个班级的学生分别测量三角形的三个内角，并算出它们的内角和，发现结果是180度的学生不到70%，其中测量直角三角形的准确率最高，钝角三角形的准确率最低。很显然，在课堂上全体学生都能得到180度的结果，这是不可能的，误差是不可避免的。既然量角存在误差，难道拼角就没有误差吗？其实拼角也是存在误差的。那么教学时是直接告诉学生：同学们，测量得到的181度、179度……是误差造成的，其实三角形的内角和是180度？还是引导学生正视误差，适当向学生渗透一些几何证明的思想、积累有效的数学活动经验呢？我认为，虽然小学阶段由于学生的年龄特征的关系，学生学习几何知识主要以经验几何、实验几何为主。如学生借助测量工具量一量、折一折、比一比、画一画等活动来认识图形，但是，随着年龄的增长以及数学学习经验的逐渐丰富，应该可以根据所学内容，适当向学生渗透一些几何的证明思想。抱着这种想法，我进行了第一次尝试，猜想、探究、质疑……教学环节进行得挺顺利的，这也增加了我的自信。但是，第二次的试教由于换了一所学校一个陌生的班级，让我上出了一身冷汗：学生进行探究环节时，我边巡视边发现我要的答案，180度、181度、182度、179度、178度……一切尽在预设中，接着我信心满满地组织学生进行交流汇报：

师：谁愿意汇报一下你的测量结果？

生1：我测量的是锐角三角形，它的内角和是180度。

师：还有谁也测量了锐角三角形？结果和他不一样的？

教室一片寂静，我把问题又重复了一遍，还是鸦雀无声。凭着记忆，我只好请了生1后面的女生："请你说说吧。""我也是180度。""可你刚才是178度啊？""我错了，我现在改了。"……学生们不约而同地把答案全改成了180度，因为没有一个学生愿意把有误差的结论与我和同学们分享，第二次试教以失败而告终。

在评课的过程中，工作室的老师们提出了质疑：本节课学生不出现误差，而老师却在极力地寻找误差，是否放大了误差？这样做似乎不够尊重学生。其次，既然教师强调测量与拼角都存在误差，不能得到准确的结论，为什么还要用大量的时间让学生动手实践呢？

"我的教学设计有问题吗？""是否违背了新课标的教学理念？"带着这样

的问题我开始重新审视自己的教学设计。我认为，让学生动手实践，在实践中积累正确的数学活动经验，这是新课程的一种理念，让学生在探究操作的过程中学习知识，体验才会更深刻，本节课的设计不能说学生的操作毫无意义，它让学生知道了三角形的内角和是180度，正是有了这样的认识，才能让数学证明少走弯路。但老师们的建议也有一定的道理，测量法和剪拼法都不能完全准确，因此我把小结语言改为：数学家们认为虽然测量法与剪拼法能得到这个结论，但是这两种方法都不够精准，最后，他们用了数学证明的方法得到了这个结论。这不仅让学生经历了数学定理、公理的发现过程，而且渗透了数学证明思想，让学生在操作中学会理性的思考，这正是本节课体现数学本质的地方。

在第二次试教中，为什么学生们不愿与我分享有误差的结果呢？原因是当天上课由于时间仓促，没有和学生们进行交流便开始上课了，学生们面对陌生的老师，安全感、信任感无从谈起，出于自尊心，因此他们不愿把自己的"错误"呈现给老师和同学们。因此课前交流很重要，怎样在短时间的课前交流中消除学生们的戒备心，这是我下次上课前要做的一项重要工作。

不经历风雨怎么见彩虹？感谢与我一起磨课的学生和老师们。在正式的观摩教学活动中，学生们能够大胆猜测、积极探究、敢于质疑、实事求是地分享自己的探究结果，因此本节课获得了老师们和俞正强老师的好评。课后，俞老师曾开玩笑似的问我："郭老师，学生为什么那么配合你？你想要什么答案他们就告诉你什么答案？""为了以防万一，课堂上我用了一点小心思，就是边巡视边把我需要的同学都请上了讲台，这样，他们就没法修改答案了呀。"其实，这不是主要原因，关键是课前我已与学生建立了和谐民主的师生关系，他们才会自信大胆地与我交流、分享。

三、关注数学本质设计教学活动

如何关注数学本质，设计教学活动？我认为首先要深刻解读教材领悟教材内容本质。要静下心来深钻教材，理清本课知识在学科知识体系中处于何种位置，这样才能把握教材中最主要、最本质的东西。教师对教材的领悟要有自己的思考，不能只看到书中的文字、图表和各种数学公式、结论，而应读出书中隐藏着的鲜活的思想方法,这种思想方法就是对"数学本质"的理解。

其次,要设计有价值的数学活动。这个活动能为全体学生提供探索的空间,能让学生积极参与、主动交流。教师首先要明确自己的数学活动从哪儿开始,让学生到哪里去,从而让数学活动具有一定的针对性。在设计数学活动时,要注意设计体现数学本质的问题串来引导学生探究、思考。在学生探究过程中要相信学生,教师不宜做过细的指导。因为每个学生在活动过程中都是以自己的方式来建构对知识的理解,所以在活动中要为学生提供一个合作交流的平台,它能促进个人经验的优化和内化。总之,教师要以引导者、合作者的身份悉心点燃学生的探究思路,在合作交流中让学生把感性经验逐步上升为理性经验,从而完成数学活动经验的积累。

(作者:郭宝珠)

教研相长　重塑经典
——体悟课标"四基""四能"的新要求

"平行四边形面积"毫无疑问是小学数学平面图形教学中的一节经典课例，近几年，这一课例曾经无数次在公开观摩课的讲台上上演，其中不乏诸多名师的身影，当然也包括一些像我这样名不见经传的青年教师。

平行四边形面积是五年级上册"多边形面积"这一单元第一课时的内容，学好这节课是进一步学习三角形面积、梯形面积、圆的面积等平面图形面积计算的基础，在教材中起到了承上启下的作用。如何教研相长，重塑经典？让传统经典课例在新课改的大背景下迸发出新的生机，就成为一道摆在我面前必须破解的命题。

如何教研相长、重塑经典？我采用了自我同课异构的办法。在我从教以来，曾经先后两次在校内执教过平行四边形的面积这课，在不同指导老师的指导下，数学课堂表达出各自不同的设计理念与数学思考。是将之前的教学设计简单复制整合一下，取长补短？还是针对研究课题，带着数学思考把教学设计重新定位重新异构呢？我选择了后者。我为自己这节展示课定下了这样的基调：这是一节素面朝天的常态课，没有华丽的词藻，没有时髦的"包装"，有的只是围绕一个又一个的数学问题而展开的思考、操作、探究与感悟。让数学课堂紧密围绕学生"四基""四能"的培养展开活动，从中呈现纯正的数学思辨，从而上出数学味来。

一、"问题引领"，比较中培养学生发现问题和提出问题的能力

以本节课的新课导入为例。俗话说得好：一个好的开始就等于成功了一

半。精彩的新课引入，不但可以吸引学生注意力，引发思考，还能激发学生的学习兴趣，为新课教学打下良好的基础。以下是我两年来前后对比的教学片断。

两年前的教学片断：

师：仔细观察，屏幕中的图形哪些你们认识？

生：长方形、正方形、圆形、梯形……

师：我们学过其中哪些图形的面积计算公式呢？

生：长方形的面积计算公式是长×宽。

师：回答真不错，以屏幕中长方形为例，5×3表示什么？

生：5表示一行可以摆5块，3表示像这样摆可以摆3行。

师：那么正方形呢？

……

师：同学们，我们已经学会计算长方形和正方形面积的方法了，你们还想知道其他图形的面积怎么算吗？它们之间有没什么联系？今天我们就来研究和学习平行四边形的面积。（板书：课题）

这样的新课引入紧紧抓住了新旧知识间的联系，通过旧知的复习，更有利于学生展开知识迁移，符合学生认知规律。然而数学新课程标准的修改稿强调，在数学教学过程中，有一个重要的任务——"四能"，即培养学生发现问题、提出问题、思考问题和解决问题的能力。导入环节能否渗透"四能"的培养呢？经过思考，我提出了创设问题情境，将教师所预设的问题真正转变成全体学生自发生成问题的修改方案。

修改后的教学片断：

1. 凸显问题，引出通过计算图形面积来比大小。

师：请看屏幕，长方形和平行四边形谁的面积大？

生1：一样大！

生2：我觉得长方形面积大。

师：看来同学们遇到了问题，你们的问题是……

生：用眼睛观察比较不出大小。

师：有什么办法解决吗？

生：计算。

师：对了，如果我们能够算出每个图形的面积是多少，就能比大小了。

2. 复习长方形面积公式，猜测平行四边形面积怎么算。

师：长方形的面积怎么求？

生：长×宽。

师：8×5表示什么？

生：8指长方形的长，5表示长方形的宽。

师：那平行四边形的面积呢？（师逐一出示两条邻边和高的数据）猜猜这平行四边形的面积可能是多少。

生：9×4（底×高）、9×5（也就是底×邻边）。

3. 揭示课题。

师：看来我们还真的遇到问题了，你们发现了什么问题？

生：一个平行四边形面积怎么会有这么多种答案？如果是9×4＝36平方厘米就比长方形40平方厘米面积小，反之如果是9×5就比长方形面积大。

师：到底哪个是正确的呢？这就是我们今天要一起研究的问题。（板书课题）

经过这样的修改，不但复习了旧知，还把教学的重心放在引导学生不断经历问题生成和问题解决的过程之中。例如：一开始让学生观察比较两个图形面积大小之后，一位学生很快发现"用眼睛观察比较不出大小"这个新问题，进而思考解决新问题的方法——计算图形的面积。长方形面积学生会算，那平行四边形面积怎么算？猜一猜。学生很自然提出两种公式猜想。由于原教材中的长方形的面积和平行四边形面积是一样的，有预习习惯的学生难免有个错觉：两个图形面积一样大。而设计时候我故意把两个图形面积设计成不一样大，这就迫使学生必须将潜意识的思维错觉与现实图形进行比较，课上到这里成功引发了学生的认知冲突，思维被全部聚焦于"到底哪个猜想是正确的？"这个新问题之上。就这样在"问题引领"教学方法的带动下，学生的探究欲望被成功点燃，这样的设计既培养了学生"四能"意识，也为后续学生自主探究、验证猜想打下了坚实的基础。

二、巧设支架，在探究中培养学生分析问题、解决问题的能力

学生探究新知的过程，实际上就是学生亲身体验如何"做数学"、积累数学活动经验，实现数学新知的"再建构"的过程。教师在这过程中不仅要注意鼓励学生探究的自主性，还应根据学生能力水平，指导学生在教师启发下开展有效的探究活动，以获得最佳的学习效果。

我设计了如下的探索活动：

第一次同桌合作探究。

1. 交流方案，初步感悟。

师：你有什么验证的好方法？（拿出准备好的方格纸和剪刀启发学生思考）

2. 学生操作和汇报。

（1）用数格法验证：先数整格的，不满一格的按半格算。

（2）用割补法验证，初步感受转化思想方法的便利。

师：还有更简单的验证方法吗？谁来汇报？

（3）其他方法。

3. 小结：平行四边形的面积确是 $9 \times 4 = 36$（m²），是对的，也就是长方形的面积大。（解决之前的问题）

第二次同桌合作探究——比快。

1. 动手操作，推导公式。

（1）快速求出任意平行四边形的面积。

师：比一比谁求得最快！（学生动手数格子或测量计算）

（2）思考：用了什么方法求得这么快？

师：为什么任意一个平行四边形的面积都可以用"底×高"来计算？

第三次动手验证。（不数方格）推导公式，说清联系。

师：看来我们还要再次进行操作验证。

[课件出示要求]

（1）你想把平行四边形转化成（　　　　）。

（2）拼出的图形和原来图形相比，（　　　）变了，（　　　）不变。

（3）通过刚才的操作你还发现了什么？
（4）你能推导出平行四边形的面积公式了吗？

生动手操作验证。

师：谁来汇报下，你是怎么做的？上台来剪剪看。

生：我把平行四边形转化成长方形。

师：为什么要转化成长方形？

生：因为我们学过长方形的面积。

师：你是随便剪的吗？怎样剪才能剪成长方形？

生：这样沿着平行四边形的一条高剪才能剪成长方形。

师：接着说！

生：拼出的图形和原来图形相比，（形状）变了，（面积）不变。

师：为什么面积不变。

生：因为就是把这块直角三角形剪下来换了个位置。

师：平行四边形的面积和拼出的长方形的面积是一样的。（板书：长方形的面积——平行四边形的面积）

师：你还有什么发现？

生：长方形的长等于平行四边形的底，长方形的宽等于平行四边形的高。所以平行四边形的面积就是底×高。（板书）

师：很好，谁还能像这样完整地再说一遍？（点出课件演示）

板书：

长方形的面积　＝　长×宽

　　　↑　　　　　　↓　↓

平行四边形的面积＝　底×高

师：现在我们可以得出结论：所有平行四边形的面积都是（底×高）。在数学上一般用 S 来表示面积，a 表示底，h 表示高。平行四边形面积就是 $S=ah$。

这样的教学设计使课堂教学非常顺畅，好像学生也经历了猜想、操作、验证、得出结论的探索过程，但是静心思考，我们发现这样的探究是伪探究，工具是教师选定的，方法也是老师暗示的，学生被老师牵着鼻子亦步亦趋地执行猜想、操作的过程，他们的自主性完全得不到保障。我决定对这节课进行重构，教研组提出了打破传统教学模式，充分体现学生探究自主性的思路。我进行了这样的尝试：在验证猜想的动手操作环节，我为学生准备了许多验证所需的工具，有方格纸、剪刀、邻边是9厘米和5厘米的平行四边形框架、绳子等等。在教学预设中，学生先进行小组讨论，定下验证方案后，再动手操作。通过小组讨论学生发现绳子是用来测量周长的，将绳子排除在外；在动手验证活动中，有些学生可以通过数方格的办法发现9×4猜想是正确的；能力稍强的学生可以直接通过剪刀将平行四边形直接割补成长方形，进而发现面积计算公式是底×高；而拿平行四边形活动框架验证的学生则可以通过拉动框架发现拉动会使图形面积发生了变化，反过来证明底×邻边是错误，从而加深对平行四边形面积只与底和高有关的理解。

毫无疑问，如果以上的教学预设都能完美实现的话，那么学生探究活动的自主性必将得到最大的体现，这样的课无疑是成功的。然而想法很美好，现实却很残酷。在年会的第一次预教中，小组活动开始时学生虽然进行了讨论，但是操作活动中绝大多数的学生还是拿着绳子、框架在对着方格纸验证，直到活动结束还是没有得到任何有价值的操作成果；只有少部分学生在我的提示下用方格纸和剪刀达到了我原先预设的目标。在学生汇报时候由于绝大部分学生没有选对工具，无法形成对于相关知识的感性认识，直接导致对于他人汇报感悟不深，教学的时效性差强人意。第二次预教中，我增加了工具介绍环节，针对每个工具让学生思考可以如何使用，就这样绳子首先被学生排除了，但操作中活动框架的操作吸引了绝大多数学生的注意力，于是我决定从活动框架入手研究。

修改后的探究活动方案与设计意图：

【片段一】选择工具，初探思辨。

学具准备：方格纸、邻边是9厘米和5厘米平行四边形活动框架、绳子、剪刀、尺子……

师：要想知道这个平行四边形的面积到底是多少？你有什么好办法？别着急，瞧，老师给你们事先准备了些工具，思考下，怎么验证？

（出示事先准备好的学具，教师做简要的介绍。）

师：有想法了吗？接下来小组合作验证刚才的猜想。

（在小组合作的环节，绝大多数的学生被活动框架吸引，将框架拉成长方形，然后计算或者通过方格纸数出长方形的面积。）

师：谁先汇报？

生1：我们通过拉活动框架把平行四边形变成长方形，那么它的面积就可以用长乘以宽来计算，$9×5＝45$（cm^2）。

生2：我们也是通过拉框架的办法，然后将拉成的长方形放在方格纸上数，数出45个方格，也就是45平方厘米。

师：有道理，让我们一起给平行四边形"穿上"长方形的"外衣"。（在平行四边形上放上一个长方形的框架）谁愿意上台来拉拉看？

（学生上台操作，将活动框架慢慢拉成长方形，并跟原平行四边形靠在一起。）

生3：他们说得不对，把那个三角形割补过来，我发现平行四边形拉成长方形，面积变大了。

师：大了哪？（手指向图形）

生：把三角形剪下来移到这里，我们就能发现长方形的面积多出了这个部分。（板书：画阴影）

师：看来用拉框架的方法，邻边的长度并没有发生变化，而平行四边形的面积却发生了变化，也就是说平行四边形的面积与另一条邻边之间不存在必然的联系。

【片段二】再次操作，直观感悟。

师：通过刚才的操作，我们知道了平行四边形的面积与邻边不存在直接的关系，那么这个平行四边形的面积到底跟谁有关？有怎样的关系呢？你们能再一次利用手中的工具来操作验证吗？

生：动手操作并汇报。

生：可以用数方格的办法。我是先数完整的格子有30个，因为不满一格按半格计算所以还有6个，一共36个方格就是36平方厘米。

师：大家听懂了吗？（打开课件）他的意思就是先数完整的方格，有1、2、3……30个，（点课件一个个数）再数不完整的格子31~36，（课件点闪烁）像这样的两个半格可以凑成一格，（课件变成蓝色）也就是不满一格按半格算。直接数你们觉得怎么样？

生：比较麻烦！

师：还有其他的办法吗？

生：我把平行四边形沿高剪成两部分，平移拼成长方形，这样数也是36平方厘米。

师：像他这样数，大家觉得好不好？

生：好！

师：好在哪呢？

师：这么数不但把新知识转化成了旧知识，连数格子都更方便了，这真是一种好办法。

经过调整，整节课的课堂操作活动显得更加开放、层次分明，不管是工具选择，还是学生探究活动中产生的认知误区都真实反映学生的真实学情，接着执教者顺势而为，从框架入手，成功引导学生的思维找到了新的生长点，在拉框架活动中让学生认清思维误区，在数方格中直观感悟；最后在割补剪拼活动中推导公式深刻感受平行四边形面积与底和高的密切联系。正是得益于教师大胆放手，放飞思维，关注学生自然生成，因势利导，循"疑"突破，令学生在一系列探究活动中积累经验，追寻平行四边形面积的算理本质，使得本节课学生探究活动的有效性和自主性得到了充分的体现，是培养学生"四基""四能"的又一例证。

三、发展四基，让学生对数学算理本质的理解渐明渐晰

不管课程改革如何变化，平行四边形面积公式推导无疑是本节课传承不变的重点和难点。围绕这一教学重难点，教师应设计丰富多彩的数学学习活动，在数学学习活动中落实"四基"，全面提升学生数学素养。

第一，数学教学不仅要让学生掌握基本知识和基本技能，还要重视在学生学习过程中渗透数学基本思想方法和使他们积累数学活动基本经验。在本节课中，我有意识地渗透了多种重要的数学思想方法。例如：化归转化思想——在数方格验证时，让学生感受到通过将不熟悉平行四边形转化为他们熟

悉的长方形来数方格，真简便！又如，特殊化与一般化思想——学生从数方格方法验证底是9厘米、高是4厘米的平行四边形面积可以用底×高来计算的特殊化结论；之后又通过割补法推导出对于任意的平行四边形面积都是底×高这个一般化结论。还有，等积转化思想——通过割补法与平行四边形框架拉动两种不同转化方法对比，学生感受到等积变形是面积公式推导的前提条件。这一系列基本数学思想方法的渗透提升了学生思维的品质，也让学生积累了正确的数学活动的基本经验，让传统的数学课堂散发出浓浓的数学味。

第二，学生在丰富的数学活动中提升思维、收获感悟、渐明算理。本节课教师设计了数方格、剪拼图形、拉框架等层次分明的数学探究活动，引导学生逐步探索发现平行四边形面积计算公式，理解算理。例如，学生利用剪刀验证任意平行四边形面积计算都是底×高的教学环节，现场课中，一位学生率先通过动手操作有了发现，可在他的讲述过程明显没有将平行四边形面积和转化后长方形面积的联系讲清楚，这时候第二位学生举手，两位学生同台在教师的帮助下，互相补充，用数学的语言将公式推导成功。这个过程我不仅注意引导学生使用富有逻辑性的数学语言进行描述，同时还发展了学生合情推理能力。本节课在这里特别安排了同桌互相讲、全班一起说的环节，让每位学生都充分经历了合作、交流、分享经验的过程，在交流讨论的过程中数学思维就好比插上了隐形的翅膀，让学生对公式算理本质的理解在一系列的数学活动中的渐明渐晰。

第三，循序渐进、层层深入，逐步加深对于算理本质的理解。掌握算法和探究算理是本节课教学的两大任务，算法是解决问题的操作程序，算理是算法赖以成立的数学原理，两者相辅相成，不可分割。本节课实现了让学生在已有知识经验下复习算理、在直观的情境中（数方格）感受算理、在动手操作中体验算理、在语言描述中理解表达算理。教学伊始，我就立足于学生原有的认知起点，通过复习长方形公式"长×宽"表示什么，复习算理意义，为后续的探究学习打下基础；接着通过拉长方形框架感受长方形面积等于邻边相乘的猜想是错误的，然后学生通过数格子、割补等方法探索发现平行四边形的面积与底和高的关系，并在探索中归纳得出平行四边形面积等于底乘高的结论、理解其中的算理，我还留下充分的时间让学生用自己的语言表达算理。教学的整个过程就像剥笋一样，层层深入，直击数学本质。

就这样以教促研，以研促教，在指导老师和整个数学教研组的指导和帮助下，我通过反思、比较、探索和再设计，成功重塑了平行四边形面积计算这一经典课程，体悟对学生"四基""四能"的培养，让这一传统经典课例在新教材、新课改的背景下焕发出新的生机。

（作者：陈凯平）

基于学生认知　提升课堂效率
——小议最近发展区理论在教学中的应用

维果斯基的"最近发展区理论"认为学生的发展有两种水平：一种是学生的现有水平，指独立活动时所能达到的解决问题的水平；另一种是学生可能的发展水平，也就是通过教学所获得的潜力。两者之间的差异就是最近发展区。在六年级数学教学中，我们发现学生掌握一些知识存在一定的困难，究其原因，其一是需要处理的知识信息量较大，学生容易顾此失彼；其二是教师的数学教学没有立足于学生的"最近发展区"。因此教师在数学教学中，了解学生的现有水平，包括学生对原有知识的掌握程度、知识的结构，学生的习惯与方法及在此基础上可能学到的知识，对于有效开展教学就显得尤为重要。

缘　起

今年学校安排我上"外方内圆和外圆内方阴影部分的图形面积"这节课，这是我从教以来第一次接触这个内容，拿到教材的时候，我比较迷茫，不懂该从哪里切入。认真阅读教学参考用书之后，我和学校学科工作室的老师不断地研讨、交流，撰写的教案也进行不断的调整，争取不断接近学生们的认知。认真阅读教材，我们发现：教材的前半部分是让学生结合具体的情境认识组合图形的特征，掌握"外方内圆"和"外圆内方"图形面积的计算方法。而在"回顾与反思"环节，教材则安排了理解"外方内圆"和"外圆内方"图形中阴影部分面积与圆的半径之间的关系，探索一般规律的内容。教材为何这样安排，探索一般规律的环节要怎样呈现和突破成为我们备课的最大关注点。

试上初始，我就发现学生在前半部分掌握尚可，但随着课程的深入，学生越来越没有继续探究的动力，为什么呢？经过与工作室老师们的讨论研究，我们发现教案的设计并没有关注到学生的最近发展区，整个规律的探索过程均是教师牵着学生往前走，知识也是教师强加给学生的，这样的学习效果显而易见是不理想的。后来经过交流讨论，进而不断地调整，我努力地使学生处于知识的最近发展区，以此达到预想的教学效果。以下是选取的两次教学片断。

案例一：在"分析与解答"和"回顾反思"的设计过程中，没有关注到学生的最佳知识生长区超过学生的最近发展区，知识难度拔高得太快，较多学生跟不上，教学效果不理想。

师：同学们，刚才我们用"挖空法"求出外方内圆和外圆内方阴影部分的面积，但是只求出半径为 1 m 时的情况。我们能不能也推导出它们的一般公式呢？这时半径还为 1、为 2、为 3……吗？那么这时半径为多少合适？

既然已知这两个圆的半径是一样的，那么我们可以把这两个圆的半径都写成 r。接下来请同桌合作，推导出它们的一般公式，共同完成学习单。

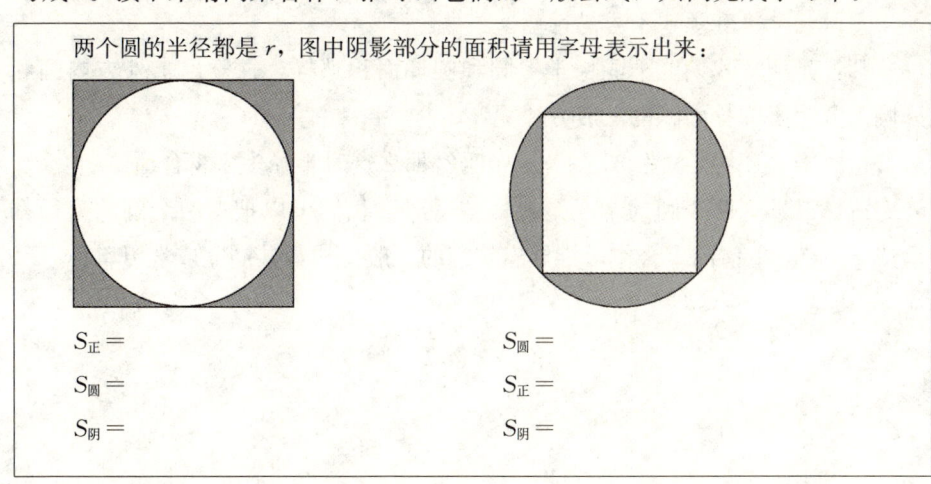

> 两个圆的半径都是 r，图中阴影部分的面积请用字母表示出来：
>
> $S_{正} =$
> $S_{圆} =$
> $S_{阴} =$
>
> $S_{圆} =$
> $S_{正} =$
> $S_{阴} =$

学生同桌讨论交流、汇报。

课上到这里，发生了意外，课堂上花费了很多时间，可是大部分学生根本无法顺利地利用半径 r 求出外圆内方的面积。致使后半段的汇报交流成了教师的一言堂，老师不断地讲解，学生仍在云里雾里。

课后，我们进行了深度的反思，我们发现，案例一的教学之所以失败的原因在于，我们的教学没有立足于学生的认知水平，教学的跳跃性太大，致使学生无法"跳一跳摘到果子"。有了前车之鉴，我们进行了重新的调整和设计。

案例二：在"分析与解答"和"回顾反思"的设计上我们关注到学生的认知起点，把新课的学习建立在学生的"最近发展区"内，不再简单地提出问题，而是在学生已掌握知识的基础上提高半步，以达到熟练并理解这类图形面积计算的原理。为最后数形结合的"最佳知识生长点"打好基础。

师：同学们，刚才我们用"挖空法"求当半径为 1 m 时，外方内圆和外圆内方阴影部分的面积。如果圆的半径是 2 m、3 m，你们还会解决吗？

请一、二组同学计算半径为 2 m 时，这两幅图阴影部分的面积；三、四组同学计算半径为 3 m 时的情况。

学生计算，汇报。

师：刚才老师巡视了一下，发现很多同学计算比较慢，并且正确率较低，你有什么感想？

预设：计算麻烦，不容易计算。

师：是啊，我们能不能像学习圆和圆环面积那样，探索出求外方内圆和外圆内方阴影部分面积的一般方法呢？

这时半径还为1、为2、为3……吗？那么这时半径为多少合适？

既然已知这两个圆的半径是一样的，那么我们可以把这两个圆的半径都写成 r。接下来请同桌合作，推导出它们的一般公式，共同完成学习单。

两个圆的半径都是 r，图中阴影部分的面积请用字母表示出来：

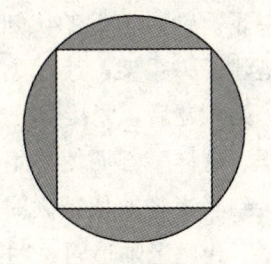

左图：外方内圆　　　　　　　　右图：外圆内方

$S_{正}=$　　　　　　　　　　　　$S_{圆}=$

$S_{圆}=$　　　　　　　　　　　　$S_{正}=$

$S_{阴}=$　　　　　　　　　　　　$S_{阴}=$

学生同桌讨论交流、汇报。

教师板书：

左图：$(2r)^2-3.14×r^2=4r^2-3.14r^2=0.86r^2$。

右图：$3.14×r^2\left(\frac{1}{2}×2r×r\right)×2=1.14r^2$。

师：通过推导公式，我们知道外方内圆阴影部分面积是（$0.86r^2$），是半径平方的 0.86 倍；外圆内方阴影部分面积是（$1.14r^2$），是半径平方的 1.14 倍。可以直接看出（外圆内方阴影部分面积）更大。

我们可以把刚才题目中的条件 $r=2$ m、3 m 代入上述两个结果算一算，有什么发现？

预设：和之前计算的结果完全一致。

师：说明我们探索的公式是正确的。有了公式，我们解决这类问题，多么省时省力啊！用掌声祝贺下自己！

前后教学策略的变化带来的思考：案例一在教学中，教师在引导学生计算出半径为 1 的外圆内方和外方内圆的特殊情况下的面积后，就直接让学生探索通用公式，让学生用任意长半径 r 代入图中，求面积，这对于六年级学生来说是有一定难度的，因为外圆内方的图形中，求方形的面积，是无法直接求出的，必将对方形沿圆形直径分割成相等的直角三角形，才能找到解题所需要的条件，就光凭着解决一个半径为 1 的图形的例子，大多学生无法理解掌握解题思路与方法，这时候的通用公式的推导，就成了学生无法摘到的，高高在上的苹果了。针对学生的认知水平和特点，在案例二的教学中，教师为学生很好地搭建了脚手架，让学生的学习建立在最佳起点上，一则在学生完成半径为1米的例题后，紧接着分组让学生继续算出当半径为2米、3米时阴影部分的面积。这样一方面使学生巩固解决这种问题的方法基础，另一方面也让学生体会到当半径取值越大时，计算越麻烦，激发了学生进一步探究通用公式的欲望。再则老师追问："我们能不能像学习圆和圆环面积那样，探索出求外方内圆和外圆内方阴影部分面积的一般方法呢？"因为学生之前深有体会，这时老师抛出这个问题，不但为学生指引出探究的方向，连接了新旧知识，激发学生探究数学原理的兴趣，而且照顾后进生的学习水平，也容易产生共鸣，使其体会到探索规律的乐趣，这就由"要我学"变成"我要学"。在探索规律后，让学生运用规律再次计算半径为2米、3米时，阴影部分的面积。通过前后两种方法的对比，发现后者的优势，加深对数学应用价值的体会。这样再次为进入下个知识发展区打好基础。

策略与方法

从上面的两个案例可以看出，教学中是否关注到学生的认知起点，把课堂教学落在学生的"最近发展区"内，效果差别是非常大的。教师要让学生掌握相对完整的知识，需要遵循学生的认知规律，尊重学生的实际能力，循序渐进地设计教学过程。教学要求如果过分超越了学生的原有能力，既会打击学生继续学习的积极性，也会影响学生思维的拓展；而如果要求太接近学生已有知识储备，就会使学生失去探索的兴趣。因此当学生的能力已经具备了向高一级知识发展的潜力，教师就应该及时地进行引导过渡，使我们的教学正好落在学生的"最近发展区"内。下面，我就从两个方面来谈谈最近发展区在教学中的把握和运用。

一、紧抓两头备好课，找准最近发展区

上一节好课，教师的课前准备是非常重要的。备课不仅要备教材，找准重难点，更要备学生，要摸清学生现有水平和最近发展区。即把握学生现有的知识储备、学习能力以及本节课所要达到的目标要求，知道学生从哪里来，要走向何方，让学生通过自身努力，实现从现有水平到最近发展区的飞跃，跳一跳摘到果子。

例如教学五年级上册"三角形的面积"这一课时，我根据学生已经具备了探究平行四边形面积的方法和经验这一现有水平的现状，课前我一方面让学生复习平行四边形面积的推导过程，一方面要求学生去剪三组不同的三角形。基于学生的现有水平，我在学生现有水平和最近发展区之间为学生搭建了脚手架，课前，我把学生剪的完全一样的三组三角形进行组合，组合为既有完全一样的三角形，又有不一样的，课堂中我为学生设置了以下两个问题引导学生思考：

（1）我们学习过了哪些图形的面积计算公式？它们的面积公式都是怎样推导出来的？

（2）你准备怎样探索三角形的面积计算公式？

课堂上我放手让学生小组合作进行探索，由于我为学生设置的三角形不同，学生探索的思路和方法也就各有不同的转化方法。有的用特殊的三角形（等腰或等边三角形）剪拼成长方形，有的学生手头没有特殊三角形，用一个三角形无法拼出学过的图形，就想到用两个三角形来拼，在不断尝试中发现，并不是两个任意的三角形都能拼成学过的平行四边形或长方形，必须是完全一样的两个三角形才能拼成学过的图形……学生思维活跃，操作的兴趣非常高昂，而且探究出的方法也精彩纷呈。回顾这些精彩，不难发现，正是教师正视了学生的现有水平，为学生铺设了合适的台阶（为学生准备了符合学生学习特点的教具和有效问题的引领），学生在这一台阶和平台上通过自己的不断努力，顺利地到达各自的"最近发展区"。

二、关注教与学的进展，调整最近发展区

学生的最近发展区是随着教学进程的发展而发生变化，教师恰到好处的引导，是激发学生向高一级知识进发的催化媒，但代替不了学生的自主探索与思考，因而要留给学生充分的时空思考。

苏霍姆林斯基指出："引导学生能借助已有的知识去获取知识，这是最高的教学技巧之所在。"只有在教师的巧妙引导下，学生才能由现有发展水平进入最近发展区。在新旧知识的衔接处，沿着知识的发展脉络来启发、引导，才能较为顺利地将其引入最近发展区。

例如，在"探索三角形面积计算公式"的活动中，通过拼一拼，学生已经知道：并不是任意两个三角形都可以拼成平行四边形，而必须是完全一样的两个三角形才可以拼成一个平行四边形，平行四边形和三角形面积刚好相差一半。学生理解这个道理后，教师即当调整学生的"原有知识"水平为"感知三角形面积与平行四边形面积的关系"，视其最近发展区为"推导三角形面积字母计算公式"。学生在应用转化思想求出三种三角形面积后，"推导字母计算公式"已是其可以进一步自主探索的知识水平，以此类推。在这个学习过程中，学生不断地发挥自己的已有能力，极大调动了学生思维活动，并很有可能达成学习目标，从而体验到成功带来的愉悦。

所以在应用"最近发展区"理论引导学生展开学习的过程中，教师对学生"最近发展区"的认识调整是十分重要和必要的。"最近发展区"的恰当定位，可以帮助学生降低知识难度，提高学习兴趣，突破理解中的难点，从而提高课堂教学效率。

（作者：江瑛）

关注新教材变化　增强教学有效性

新编的人教版小学数学教材对许多教学内容的呈现方式或编排方式都做了调整，认真研读这些不同的呈现方式，不同的编排顺序，可以体会到编写者对数学教学必须改变教师的教学方式和学生的学习方式，从而促进学生学习能力提高的意图。因此我们要认真对比新旧教材的差异，从中领悟深意，合理地进行教学设计，才能符合学生的认知规律，有效地提高学生的能力。

案例与思考

去年我指导我的徒弟执教"圆的认识"一课，备课时就对新旧教材进行了对比解读，旧教材是先通过折一折，量一量，比一比等操作活动认识圆的特征，然后再学习用圆规画圆。新教材却是先学习用圆规画圆，在画圆的过程中，体验圆的形成过程，从中感悟圆的特征。我们从中领悟到新教材教学内容呈现方式的改变很有道理。因为先学习用圆规画圆，能将画圆与探索圆的特征融为一体，在充分感知的基础上，感悟圆的特征。据此我们设计了两个不同的案例。

案例一：教师按照旧教材教学内容的呈现方式进行教学设计，先让学生动手操作：折圆，量折痕的长度，再观察比较发现圆的特征，最后再教学用圆规画圆。整堂课以学生动手操作为主进行学习。

一、创设情境，导入新课

出示由各种平面图形组成的机器人，回忆各种平面图形。教师指出在这些平面图形中，长方形、正方形、三角形、平行四边形和梯形咱们都已经研究过了。今天，咱们要来研究圆。

二、动手操作，探究新知

（一）直观比较、了解概念

圆跟我们已学过的平面图形有什么不一样呢？（圆是平面上的一种曲线图形。）

你能举出日常生活中哪些物体表面上有圆吗？（生举例）

（二）操作引路，感知概念（名称、特征）

1. 折圆：发现许多折痕交于一点。

2. 量折痕：发现了折痕长度都相等。

3. 量点到圆上距离：发现距离也都相等。

（三）自学交流，理解名称

1. 自学课本，初知要素。

2. 交流消化，理解要素。

（四）猜想验证，概括特征

1. 分组讨论，进行猜想。

同学们，你能根据我们刚才折圆、量圆时所发现的，猜一猜，圆会有哪些特征呢？

2. 交流讨论，提出猜想。

3. 各自验证，全班交流。

学生各自验证：有的折圆，有的量折痕，有的在圆中画直径、半径，有的量直径、半径……

4. 学生概括，总结特征。

（五）自我实践，学会画圆

1. 自学画法，实践画圆。（学生结合课本画法，边看边学会用圆规画圆）

2. 学生介绍画圆步骤。（随生介绍，师分步板书：1. 定半径；2. 定圆心；3. 旋转一周。）

3. 师在投影仪下示范画圆，小结画圆步骤。

三、自练反馈，巩固新知

……

案例二：教师在教学时，根据新教材教学内容的呈现方式进行设计：先让学生认识圆规及其各部分名称与作用，并尝试用圆规画圆，在画圆的过程中，感悟画圆的关键，再通过几种画圆方式的对比，理解圆是到定点的距离等于定长的点的集合。学生们在充分感知的基础上，建立了丰富的表象，再通过推理解释为什么半径和直径有无数条以及无数条半径和直径都相等的原因，发展了高年级学生抽象思维的能力。

一、创设情境，导入新课

1. 寻宝探秘。从探宝游戏引入，揭示"宝物在距离李晨左脚 3 米处"，请学生在白纸上用红点代表李晨的左脚，1 厘米的长度表示 1 米，用点表示出宝物的位置。

展示同学们的寻宝过程和电脑的寻宝过程，发现找的点数越多，围成的图形越接近圆，当有无数个点的时候，就围成了一个圆。这无数个点和左脚的距离都是 3 米。

2. 圆与直线图形的区别。结论是：圆是曲线图形。

二、探究圆的特征

（一）初步体验圆规画圆的关键

介绍圆规后让学生尝试用圆规画个圆。投影出示不成功作品，请学生谈谈失败的原因，学生明白了用圆规画圆，要固定一点，圆规两脚间的距离还要保持不变，也就是要"固定长度"。

教师示范画圆，学生再次体会画圆的关键和注意点。

（二）比较三种不同的画圆方法，体验画圆的关键课件展示：钉绳画圆和体育老师在操场上画个大圆。

比较三种不同画圆法的共同之处，得出画成一个圆的关键是固定一点和固定长度。

（三）认识圆的各部分名称及特征

1. 认识圆心。

数学家将这固定一点称作"圆心"。圆心就是针尖所在的位置。一般用字母"O"表示。

2. 认识半径。

圆规两脚张开的固定的长度又被称作半径。齐读：连接圆心和圆上任意一点的线段叫作半径，一般用字母 r 表示。

（1）在圆上画半径，请学生猜，像这样的半径会有多少条？为什么？

（2）这无数条半径长度怎么样？又是怎么知道的？（借助推理的方式，得出结论。）

3. 认识直径。

（1）出示直径定义：通过圆心并且两端都在圆上的线段叫作直径，一般用字母 d 表示。

（2）教师在黑板上画图，请学生辨析这条线段是不是直径。

（3）通过刚才的学习，你们说说圆的直径会有什么特征，你是怎么知道的。

4. 教学半径决定了圆的大小，圆心决定圆的位置。

5. 让学生用一句话概括自己对圆的认识。

6. 出示墨子的"一中同长"感受"一中同长"对圆的特征的精辟解读。

三、拓展延伸

……

新旧教材的变化带来的思考：案例一中教师先让学生折圆，通过测量折痕，观察发现圆的特征，最后学习用圆规画圆，掌握画圆的步骤。这样的教学虽然可以发展学生的操作能力，观察能力，但学生思考问题的层面还是停留在形象思维的低级操作的阶段。而案例二中教师让学生先在寻宝情景中，感受到与一个点的距离相等的点有无数个，这无数个点就围成了一个圆。这个看似非常简单的画点游戏，蕴含着圆的本质属性，也为后面帮助学生理解并掌握圆的基本特征埋下伏笔。然后让学生尝试用圆规画圆，在辨析画不成功的作品的过程中，学生对针尖所在的点必须保持不动（也就是定点），铅笔尖所在的点不断运动，但运动过程中两脚间的距离保持不变（也就是定长）等圆的最本质的特点形成初步的直观感知。再展示钉绳画圆和体育老师在操场上画大圆的过程，比较三种不同画圆法初步感悟圆的本质——圆是到定点的距离等于定长的点的集合。在学生充分感知，建立了丰富表象的基础上，水到渠成地引出圆的各部分名称，并自觉地应用推理思想推导出圆的半径和直径有无数条，无数条半径和直径都相等等特征。这样的教学很好地发展了高年级学生抽象推理的能力。

策略与方法

比较两个案例可以看出，新编教材对"圆的认识"一课的教学内容呈现之所以做这样的改变，目的是从学生的实际出发，从高年级学生的思维特点出发，把知识的学习过程建立在学生的最近发展区，从而让学生学习能力能得到充分发展。所以，我们应该认真研读新教材的变化，读懂变化背后的意图，巧妙地进行教学设计，让我们的数学课有效，有用。下面，我从以下三个方面来谈谈如何关注新旧教材的变化，合理进行教学设计以提高课堂教学的有效性。

一、关注新增的数学知识点，教学要培养学生的应用意识

《数学课程标准（2011版）》在课程目标中指出：要使学生"初步学会从数学的角度发现问题和提出问题，综合运用数学知识解决简单的实际问题，增强应用意识，提高实践能力"。数学应用意识就是培养学生用数学的眼光、从数学的角度观察、分析与解答数学问题。我发现新教材中新增了许多数学知识点，就是满足数学课程这一重要的目标的。

例如新教材编进了许多应用估算的方法来解决问题的教学内容，要求学生在解决问题的过程中，能从数学的角度观察，选择合适的方法进行估算、分析与解答问题。的确，估算具有重要的实用价值，所以新教材在三年级后教学内容中就不再出现单纯估算的教学内容，而是在所学习的具体计算内容之后，安排了与之相应的用估算解决问题的例题。比如人教版第九册"小数乘法"这一单元的例8：妈妈带 100 元去超市购物。她买了 2 袋大米，每袋 30.6 元。还买了 0.8 千克肉，每千克 26.5 元。剩下的钱还够买一盒 10 元的鸡蛋吗？购物时估算一下买的东西的总价，确认带去的钱够吗或确认总价对吗，这在生活中经常会遇见。估算的策略是多样的，在课堂中教师要引导学生对不同的策略进行比较，找到比较合理的方法，掌握此类问题合理的估算策略，提高学生应用数学知识分析与解答生活中数学知识的能力。

再比如生活中存在着许多不规则的图形，这些大多无法分割成已学过的图形，不能精确算出它们的面积，但可以教给学生估计它们面积的方法，培养学生的估算意识和估算能力。人教版第九册"多边形的面积"这一单元的例 5：估计叶子的面积。学生在课堂中会产生各种估算方法，比如数格子的方法或是把不规则图形看成近似的规则图形等方法。学生的估算策略不同，结果也会各不相同，即使估算结果相同，所采用的策略也可能是不同的，但不管用哪种方法估算只要对就是好方法，但对高年级的学生应提出尽量精确的要求，课堂上应引导学生怎样更精确地估算，让学生体会到了计量单位越小，估测结果就越精确。掌握了这些估算策略和估算技巧，在生活中学生就会自觉地从数学的角度去思考，增强灵活应用数学知识的能力。

又如人教版第十一册"圆的认识"这一单元，新增了求"外圆内方"和"内圆外方"的阴影部分的面积以及编排了许多有关于生活中的圆形以及圆的各类应用的练习，这些无疑会增强学生对数学与生活紧密联系的体验，发展学生的数学眼光，增强学生的应用意识。

二、关注前置或后移的数学知识，教学要适应学生的数学思维发展水平

课程标准指出，课程的设计应"充分考虑本阶段学生数学学习的特点，符合学生的认知规律和年龄特点，有利于激发学生的学习兴趣，引发学生的

数学思考"。基于以上认识，我们的数学课堂也应考虑学生思维发展的规律。纵观新教材，我们发现数学课程进行了一些调整，有的教学内容前置，有的教学内容后移，细细研究，可以发现这些前置或后移的数学知识，都是从学生的认知发展水平出发，让数学学习适应学生的数学思考能力发展的需要。

例如人教版第九册"综合与实践"领域的课程"掷一掷"，这个课程以前安排在三年级，新教材安排在五年级，这样的改变是从学生的学习特点出发的。教学实践表明，第一学段学生理解不确定现象有难度，不容易理解事件发生的可能性。"掷一掷"这节课要让学生在经历观察、猜测、试验、验证的过程中，充分感受和体验简单随机现象中数据的随机性，并对可能性大小做出定性描述。这对学生的思维水平提出较高的要求，所以新教材在第一学段不再学习概率，将不确定现象的描述后移到第二学段，使这部分内容更具可操作性，符合小学阶段学生学习的特点。在教学中学生先根据比赛规则——同时掷两颗骰子，如果掷出的和是5、6、7、8、9小光赢，如果掷出的和是2、3、4、10、11、12小南赢，猜测谁会赢。然后动手验证猜想，在动手操作的过程中学生发现：每次游戏的结果是不确定的，有可能小南赢，有可能小光赢，但是当游戏次数越来越多时，小光赢的次数就会比小南多了。教师再因势利导引导学生思考：小光选的数少，为什么他获胜的可能性反而大呢？这里面藏着什么数学奥秘呢？学生在操作的过程中，在充分的感知的基础上，有所感悟：和出现5、6、7、8、9的可能性应该比和出现2、3、4、10、11、12的可能性大。为什么会大呢？教师再引导学生从"组合"的角度去思考原因，使学生理解这种结果的出现不是一种偶然现象，而是由各种组合的多少决定的。这让学生从纷繁芜杂的现实素材中找到最本质的数学模型，经历将生活问题"数学化"的过程，这样的学习过程有助于提高高年级学生的逻辑推理能力。显然，后移至五年级，适应学生思维发展的特点，为学生富有个性的思考和创造性的解决问题提供可能。

再如人教版第八册"数学广角"课程"鸡兔同笼"，这个课程原来是安排在六年级上学期，新教材安排在四年级下学期。这样的改变似乎让学生解答此类问题少了列方程解决问题的方法，其实列方程的方法只是解决此类问题的一种方法。上移"鸡兔同笼"问题，目的是要引导学生应用画图、列表、猜测、验证、假设等各种方法来思考，鼓励学生探索各种解题策略，拓宽了学生的解题思路，从中发展学生多向思维的意识与能力。例如：鸡兔共30只，共94条腿，鸡兔各有几只？在解决问题的过程中学生第一反应是先随便猜，经过几次简单的猜测，学生发现猜也是有学问的，比如当猜测结果的总腿数超出了，就应减少兔的只数，增加鸡的只数，合理调整猜测的策略，让结果越来越接近正确答案。然后让学生列表写出猜测的过程，如

鸡的只数	兔的只数	总腿数
10	20	100
11	19	98
12	18	96
13	17	94

观察列表的过程，学生再次发现，增加一只鸡，减少一只兔，就会减少两条腿，于是学生又发现，其实第一次猜测后，通过列式（100—94）÷2＝3（只）得出只要增加3只鸡，减少3只兔就行了。学生在这样的解决问题的过程中层层深入，深刻理解了这类问题的数量关系，为用假设法解决这类问题做了很好的铺垫，在这个过程中学生的数学思考能力进步了，逻辑推理能力也得到发展。

三、关注整合的数学知识，帮助学生构建系统的知识体系

学生的学习不是简单的单个知识的积累，而是要找准前后知识的连接点，构建系统的知识体系。新修订的人教版小学数学教材第五册中新增了第五单元"倍的认识"。修订前的教材中，这部分内容分散在二年级上下册，上册由于受到只学习了乘法的限制，在还没有很深入地帮助学生建立"倍"的概念的基础上就开始学习求一个数的几倍是多少。二年级下学期学习了除法后，又再次认识"倍"，学习求一个数是另一个数的几倍。新教材对该内容进行了有效的整合，整合成的单元放在三年级教学，学生的学习不再受所学乘、除法知识的限制，降低了学习难度，学生按照建立"倍"的概念——求一个数是另一个数的几倍？——求一个数的几倍是多少？——已知一个数的几倍是

多少求这个数？这样的知识体系来学习，比原来分散开来的认识更系统且更具逻辑性，更有利于学生在解决问题中加深对乘、除法含义的理解。由于不受乘、除法知识的限制，我们就能帮助学生全面深入地建立"倍"的概念。首先把"倍"与"几个几"建立联系，让学生初步认识倍的概念。接着通过不断改变两个比较量的数量，如标准量不变，被比量不断变化，引导学生对比，抽象出"有这样的几份就是几倍"。或者标准量和比较量都变了，让学生感受在比较倍数关系时标准的重要性，在有趣的"变化"中进一步认识"倍"。最后再结合除法从比较的角度对倍的概念进行再认识，让学生体会倍的本质，为学习求一个数的几倍是多少和已知一个数的几倍是多少求这个数的数学问题做了充分的准备。

综上所述，教师只有深入地钻研新教材，正确把握新旧教材之间的联系和区别，领会编者的意图，才能更好地使用新教材，进行合理的教学设计，才能使新课程的理念真正地落实在课堂教学中，提高课堂教学的有效性，促进学生数学学习能力的发展。

（作者：肖雯）

小学数学课堂中的"思辨"

数学是一门思辨的学科,所谓思辨,就是思考辨析,具体表现为:首先是一种思维方式,其次是一种行为能力。思辨学科是以思维逻辑推理为基础的,而小学生的年龄特点,决定了他们的思维方式和能力。因此,我们既要根据《义务教育数学课程标准》,又要结合小学生的年龄特点,有意识地加强对小学生思辨能力的引导和训练,让小学生在思辨中,增长数学智慧,生成数学技巧,掌握数学规律,从而达到提高数学能力的目的。

缘　起

"长方体和正方体的认识"这节课以学生已有的观察物体的丰富经验为基础,先明确长方体有几个面,从不同的角度观察一个长方体最多能同时看到几个面等知识,自然地由实物图抽象出直观图。在介绍棱和顶点的概念后,引导研究有几条棱、几个顶点,接着研究面和棱的特征。不同教师对这堂课中思辨的处理,会对学生空间观念的形成有截然不同的效果。下面,我们选取两节最具代表性的教学片断加以评析。

案例一:
1. 操作探究:请同学取出自己准备的长方体。
（1）用手摸一摸长方体是由什么围成的。
（2）用手摸一摸两个面相交处有什么。

(3) 摸一摸三条棱相交处有什么。

教师板书：面、棱、顶点

2. 观察探究：参考自学提纲来观察发现长方体的特征。

提纲：请将观察的结果写在书本表格中。

①长方体有几个面？面的位置和大小有什么关系？

②长方体有多少条棱？棱的位置、长短有什么关系？

③长方体有多少个顶点？

3. 表达交流：请完整地说一说长方体的特征。

……

案例2：

1. 交流汇报：刚才，同学们动脑筋有条理地数出了长方体有——

生（齐）：6个面，12条棱，8个顶点。

2. 激疑引思：我们的研究不能满足于"是什么"，还要探究"为什么"。

（学生疑惑地用眼神告诉我：这有什么"为什么"？事实就是这样嘛！）

(1) 教师示范：长方体有6个面，每个面都是（长方形），长方形有4条边，这些边就是长方体的（棱）。那长方体就应该有 $6 \times 4 = 24$ 条棱，可为什么只有12条棱呢？

(2) 学生探究：（学生仔细打量眼前的长方体模型，积极探索着答案。）

生：（跑到黑板前指着模型）就拿这条棱来说，它既是上面的一条边，又是前面的一条边。所以，在计算时，同一条棱算了两次。其他的棱也是这样。

师：那应该怎样算呢？

生：（齐）$6 \times 4 \div 2 = 12$（条棱）。

(3) 学生质疑：你现在也能提一些"为什么"的问题吗？

生1：长方体的6个面，每个面上有4个顶点，能算出24个顶点，为什么只有8个顶点？

师：问得好！你有答案吗？

(4) 学生释疑：

生1：我有答案，但想让其他同学回答。

生2：（指着直观图上的一个顶点）这个顶点既是上面的一个顶点，又是前面的一个顶点，还是右面的一个顶点。也就是说这个顶点计算时被算了 3 次。其他顶点也一样。所以应该用 6×4÷3＝8（个顶点）。

3. 鼓励质疑：真是太好了！刚才我们是由面的个数，根据面与棱、顶点之间的关系推算出棱的条数、顶点的个数。你还想研究什么问题？

（1）继续提问：

生 1：能不能由棱的条数推算出顶点的个数、面的个数？

生 2：由顶点的个数是不是也能推算出面的个数和棱的条数？

师：真会提问题！同学们有兴趣研究吗？

（学生兴致勃勃地研究并汇报了两个问题。）

（2）观察探究：观察一下这 6 道算式，再利用面、棱、顶点之间关系推算时，有什么规律？

生 1：都先算出了 24。这是为什么？

（学生陷入了沉思，不一会儿，陆续举起手。）

生 2：这儿的 24 表示的是 24 条边（棱）或者 24 个顶点。因为长方体是由 6 个长方形围成的立体图形。这 6 个长方形一共有 24 条边、24 个顶点。

生 3：推算时，就要先算出 24 条边或 24 个顶点，再看看与要求的面、棱、顶点之间的数量关系，计算出最后的结果。

4. 梳理小结：老师也没想到，同学们通过自己的积极思考，弄清楚了这么多"为什么"。

……

5. 深度探索：同学们通过看一看、量一量、比一比等多种方法发现了长方体面和棱的特征。除此之外，有没有其他方法研究面和棱的特征？

生：通过重叠比较，我们发现长方体相对的面完全相同。两个长方形完全一样，也就是它们的长和宽分别相等。所以，长方体相对的棱长度相等。

师：反过来呢？

生：通过测量，我们发现相对的棱长度相等。而相对面的长和宽分别是两组相对的棱，长和宽分别相等的长方形完全相同。

师：真厉害！看来，研究长方体的特征不仅可以通过操作来发现，更可以运用所学的知识思考来发现。

分析思考：

案例1，教师在教学中准确地定位知识与技能目标，能紧紧围绕知识与技能目标设计并展开教学。但太注重用"直观实证"的方式研究长方体的特征，而对面、棱、顶点之间关系的认识更多停留在定义所描述的层次。这也就限制了这一内容对发展学生空间观念的作用。

案例2中，教师在教学时，不仅让学生观察，更让学生在观察的基础上多了不少的思考。事实上，学生在学习和日常生活的经验中，已经积累了关于长方体和正方体的一些知识。如何在此基础上，系统地深层次构建对长方体特征的认识是值得研究的问题。学生学习"体"的困难往往在于缺少从面到体过渡的认知桥梁，从点、线、面到体的认识发展需要充分地在"体"上寻找点、线、面之间的联系，实现认知结构的"顺应"，这是空间观念建立的关键。引导学生有意识地思考长方体的基本元素——面、棱、顶点之间关系，不仅必要而且可行。这种关系的找寻要以棱和顶点的概念为出发点，以各自数量之间的关系、面和棱的特征联系为主要思考对象。教师引导学生以长方体的模型和直观图为依托，积极思考面的个数与棱的条数之间的关系，深化了对"两个面相交的线叫作棱"这一概念的认识；接着由面的个数到顶点的个数的推算则从面的角度揭示了顶点的形成；后来又逆向地从棱到顶点、棱到面、顶点到棱、顶点到面等角度全方位、深刻揭示了各元素之间的内在联系：三条棱相交的点叫作顶点，四条棱围成了一个面，一条棱的两个端点就是两个顶点，一个长方形四个角的顶点就是长方体的顶点，等。教者还引导学生从面的特征推理出棱的特征、从棱的特征推理出面的特征，这也深刻揭示着面和棱之间的密切联系，沟通了面与体的内在联系。这些元素关系的建立极大地明晰了学生认知结构中的长方体模型，为后面学习长（正）方体展开图、长方体的表面积等知识提供了坚实的观念基础。

应 对 策 略

数学概念是现实世界中空间形式与数量关系的本质和概括，具有高度的抽象性和严密性。也因为这种特性，给以具体形象思维为主要特征的小学生在学习中带来不少困惑，教师若引导不当，学生往往容易生吞活剥，掌握不深，只满足于记住结果，这无疑会扑灭学生思维创造性的"火花"，阻碍学生数学思维的形成和创造性思维的发展。新一轮课程改革要求教师要让学生从"学会"到"会学"。而要培养学生"会学"，根本的途径是在传授知识的过程中让学生参与知识形成的思维过程，会思考、会辨析。思维过程是教学的核心，著名数学家斯托利亚尔指出："数学教学是数学活动（思维过程）的教学，而不仅是数学结果（数学知识）的教学。"只有在教学中充分暴露思维过程，才能真正把握教学的本质；不讲思路和过程，忽视思想和方法，将结论硬塞给学生的教学，无疑会抑制学生的探索、发现、创新的思想，阻碍思维的发展和能力的提高。而数学课堂有效的思辨训练活动可以松软板结的思维土壤，激活僵死的思考系统，增强思维空间的兼容性。它不能替学生做出应该去做的具体决定，但可以使学生思维流畅、有序而生动活泼地进行探究，数学课堂思辨力的培养也有助于学生发展成为未来真正有思索力的人才。那么"数学思辨"，如何更好地融入我们的课堂教学中呢？

一、学生的课堂思辨形式：隐性思辨和显性思辨

所谓数学思辨就是从数学角度观察、分析、思考、解决问题，在表现形式上分为隐性和显性两种，隐性思辨就是学生内心的数学思考、分析和判断；显性思辨就是用数学语言描述出思考的过程和结果。让数学课堂充满思辨是我们的追求，抓住思辨的根本，内"思"外"辨"，圆融共生。因此要从以下两个方面引导，实现学生"观察""辨析""思维""评判""归纳"等能力的发展。

1. 健全内在知能结构，完善隐性思辨品质。

（1）找准概念的核心，让思辨走向深刻。数学的学习起始于概念教学，概念理解与掌握才能为正确数学思辨奠定基础。只有掌握了数学核心概念，学生才能真正开展数学思辨，才能洞察本质，由表及里，去伪存真，认清数学问题的本来面目。例如教学"质数和合数"时要思辨"所有的质数都是奇数吗？所有的偶数都是合数吗？"对于这样的问题，知晓质数、合数、奇数、偶数的学生完成起来很简单，但对于不清楚什么叫质数或者不理解奇数特征的学生则感觉无从下手，出现错误也就不奇怪了。因此，在概念教学伊始就要让学生展开思辨。可以对概念的属性进行思辨，也可以对同一类型的概念进行思辨。

（2）认清问题的本质，让思辨走向缜密。学生的思维不够成熟，思考问题比较单一，因而不能纵观问题的多个方面，缜密解决。例如：王阿姨用一根25米长的红丝带包装礼盒，每个礼盒要用1.5米长的丝带，这根红丝带可以包装几个礼盒？（得数保留整数）解决问题中要改写单位，将得数保留整数，联系生活在保留整数的时候要用去尾法。学生在解题时往往顾此失彼，注意到单位就忘记保留整数，还有不少人前面刚学的进一法，习惯性地继续用了"进一法"。因此，在教学过程中要引导学生认清问题的本质，知道为什么要改写单位，了解为什么要用去尾法保留整数，而不用进一法。在学生做错后，教师可追问："包装17个礼盒，丝带够吗？为什么？"放手让学生去讨论辨析。相信那些用了进一法的学生，在讨论中会非常快地发现问题之所在。认清本质之后，单位转换、去尾法保留整数就不再是简单的模仿或者完成任务，而是一种解题的内在需要。反思、讨论认清本质使思辨逐渐走向缜密。

（3）掌握方法和策略，让思辨走向灵活。学贵得法，但首先要掌握多种方法。思辨的方法有很多，常用的方法有对比思辨、分层思辨、反面思辨等等，只有掌握了方法，才能做到灵活运用。教学中，教师应慢慢让学生掌握思辨的方法策略，灵活地进行思辨。例如在学习了比例后，可引领学生进行对比思辨："比和比例有什么联系和区别？"而在教学三角形的面积公式时，可以出示：（1）两个完全相同的三角形都可以拼成一个什么图形？（2）每个三角形的面积与拼成的平行四边形的面积有什么关系？（3）拼成的平行四边形的底和高与三角形的底和高有什么关系？通过这样的小问题让学生分层思辨，潜移默化中学生渐渐掌握正确的思辨的方法和策略，让思辨走向灵活。

2. 历练外在语言表达，提升显性思辨能力。

（1）规范理性语言。学生的数学思辨能力往往体现在他善于选择严谨和规范的数学理性语言来表达他的数学观点。数学理性语言的表达形式与它的含义之间有着确定的关系，词序不同或一字之差就可能导致意义截然不同，如自然语言中"围成"和"组成"是没有明显区别的,但在数学课堂中对"角"的定义表述是"由一点引出两条射线所组成的图形叫作角";对"三角形"的定义表述是"由三条线段围成的图形叫作三角形"。细细品味、思辨,我们便会发现:表述时通过"组成"和"围成"这两个规范的数学理性语言的运用,能够本质地区分出这两个图形一个是不封闭的平面图形(角),另一个是封闭的平面图形(三角形)。

(2)展开思辨交流。众人拾柴火焰高,课堂上可以有意识地组织学生进行思辨性的交流。可以是互相补充,也可以是反驳观点,还可以是争论辩解。

a. 互补式思辨——取长补短、相互拓展。在思辨交流中,一方顺承另一方的意思说,对一方所交流的思辨内容进行拓展性补充,深化另一方的思辨意思。

例如:在教学商不变规律时,有个学生发现被除数和除数同时乘或除以一个数,商的大小不变。这时我没有着急补充,而是静静地等待。不一会儿就有学生站起来补充这个数不能是0。没有思辨就没有补充,学生自己完善的概念印象当然更加深刻。

b. 反驳式思辨——左右兼顾、滴水不漏。在思辨交流中,一方对另一方的思辨表述方式及角度呈现一正一反,双方从正反两方面、两个维度表达,使思辨内容左右兼顾、滴水不漏。从学习过程来看,概念形成主要依靠对具体事物的抽象,通过对正反例证的不断思辨,提出假设,并进行检验,最后概括出本质的属性并进行正确的表达。

例如:在教学小数的基本性质后,出示题目:下面各个数中的0,哪些可以去掉?哪些不可以去掉?当交流到300.00时,有一位学生说都可以去掉。这时有学生站起来反驳,说:"根据小数的基本性质,只有小数末尾的0才可以去掉,300.00,前2个0是整数部分的0,不可以去掉。"另一个学生站起来补充:"如果把300.00的0都去掉的话就变成3了,不相等了。"学生交流得多好啊!

c. 争论式思辨——百家争鸣,齐赢共生。在思辨交流中,一方的发言是对另一方思辨观点及内容的批评和否定,提出了另一种完全不同的观点,引发争论。在进行争论式思辨时,要注意这样几点:首先,将问题理解归类;

其次，找出该问题与自己观点的矛盾之处；第三，从自己的观点中找出更有深度的思想来反驳；第四，思辨时要相互尊重，在智慧碰撞中不断吸收内化，从而双赢共生。

例如：教学"三角形的面积"，老师出了这样的一道判断题："三角形的面积是平行四边形面积的一半。"学生出现了两种意见。老师没有简单地做出判断，因为这个知识点学生经常出错，与其教师反复讲，还不如让学生自己经历思辨的过程，明晰要点。于是老师说："现在咱们班有两派意见，有的认为对，有的认为错。既然这样，咱们班分成正反两方来一个小辩论，好不好？"学生立即分成正反两方进行辩论。正方的一个学生说："平行四边形的面积等于底乘高，三角形的面积等于底乘高除以2，所以，三角形的面积是平行四边形面积的一半。"反方的学生则说："但必须是一定条件下的三角形和平行四边形。"正方的学生说："只要是三角形和平行四边形比，而不是和其他图形比，这个说法就成立！"反方的另一个学生则直接到黑板画了两个图形，说："请问，这个三角形的面积是平行四边形面积的一半吗？"正方的学生一下子就明白了，这句话成立的前提条件是两者要等底等高。对于这样的问题，教师往往采取的方法是反复强调，可学生当时明白，过后就忘，对这个知识点，学生不是不会，而是仅停留在"知道"这一层面，教师要做的是让学生"理解"，深刻领会。而辩论就是要求学生用一定的理由来说明自己的观点，去揭露对方的矛盾，这无疑锻炼了他们的逻辑思维能力与口头表达能力。正是由于两种观点发生的碰撞，学生的思维变得异常活跃，加深了对所学知识的印象，使原本需要我们苦口婆心地强调却屡不见效的知识点轻而易举地得到了解决。

二、"思辨式"的小学数学课堂，可以从以下几个方面实施

1. 教学内容求"精"。

教师对教材的解读必须独特而深刻，能够抓住重点，有机整合，前后连贯。选材可以少，但所选题材要有典型性和针对性，要精选素材，巧用素材，努力做到一"材"多用，一"材"多变，一"材"多效，使每一个材料在课堂上都发挥最大的效益。

例如：在"有余数的除法"教学中，就可以充分地利用教具草莓，实现了一"材"多用，一"材"多效的效果。首先借助操作草莓学具的过程，让学生明白算式、语言表达之间的转换，语言和算式的意思是一样的，只是表达的形式不同。接着再通过草莓学具的直观方式让学生在与表内除法的对比中，理解余数及有余数除法的含义。最后通过分发草莓让学生感知余数要比除数小。

2. 教学环节求"简"。

思路清晰，过程简洁，目标明确。所谓"主线"，也就是教学的重点和主要脉络，它是课堂教学的"魂"。"主线"明确了，确定教学目标，安排教学环节，取舍教学内容，考虑教学进度，有效组织教学就有了目标，课堂教学的结构和层次就容易清晰起来。

3. 思辨方式求"活"。

要灵活应变，言简意赅，深入浅出。以"问题"为导向的数学课堂追求的就是有效教学，要求教师要学会做减法，即围绕教学目标取舍、整合、提炼。这种减法，并不是简单地对教学素材，教学环节进行有机割舍，而是要合理地舍弃那些无效的程序或环节，正确理解和把握教材。

4. 学习掌握要落"实"。

一堂课下来，要及时了解学生掌握的情况怎么样，通过有针对性的课堂练习来检测，只有内容精，环节才能简，过程才能留取更多时间让学生充分灵活思辨，结果也才能扎实、有效。根据反馈情况及时矫正，做到当堂知识当堂清。

以思辨为核心的课堂教学过程，要在一定的问题中展开，学生会提出许多教师意想不到的问题，教学过程中也会出现许多难以预料的情况。这对数学教师提出了新的更高的要求，需要教师能够根据学生的实际情况、教学活动中实际发生的事件，有效地推动学生的数学思维活动，创造性地驾驭课堂。毫无疑问，数学教师为满足这种新的更高的要求，应该具备更多的学习指导策略，以便有针对性、有变通性、及时地解决问题。

（作者：林江庄　陈垚清）

细节决定成败

　　法国连锁超市 DM 总裁格茨·维尔纳曾对自己的成功经验进行总结，他认为"奥秘全在细微处"。看来不论做什么工作，都要重视小事，关注细节，把小事做细，做透，就能成就精彩。在我们身边也有很多细节决定成败的例子，最让我感动的是关于上海地铁一号线的设计这一事例。上海地铁一号线是由德国人设计的，二号线是由中国人自己设计的。两者初看上去并没有什么特别的地方。但是运营一段时间后，二号线运营成本却远远高于一号线。原因在哪里？原来原因正是出在细节上。上海地处华东，地势略微高出海平面，一到夏天，雨水就会使一些建筑物受困。德国的设计师在建造地铁一号线的时候注意到了这一细节，所以，他们在地铁一号线的每一个室外出口都设计了 3 级台阶，要进入地铁口，必须踏上 3 级台阶，然后再往下进入地铁站。就是这不起眼的 3 级台阶，在下雨天成功地阻挡了雨水的倒灌，有效地减轻了地铁的防洪压力，以致一号线内的那些防汛设施几乎从来没有被动用过。而地铁二号线就不同了，地铁二号线因为缺了这几级台阶，曾在大雨天不幸被淹，造成了巨大的经济损失。不仅如此，德国设计师还根据地形地势，在一号线的每一个地铁出口处都设计了一个转弯。这个转弯，看起来好像增加了出入口的麻烦，并且好像也增加了施工的成本，这在当时，引起了较多议论。直到地铁二号线投入使用后，人们才发现，这一转弯的设计恰到好处。另外，每一个坐过地铁的人都知道，当你距离轨道太近的时候，机车一来，你就会有一种危险感。在北京和广州的地铁站里，都发生过乘客掉下站台的危险事件。德国设计师们针对此种现象，在设计上体现着"以人为本"的思想，他们把靠近站台约 50 厘米内的地方铺上金属装饰，又用黑色大理石嵌了一条边，这样，当乘客走近站台边时，就会有了"警惕"心。而二号线的设计师们就没想到这一点，二号线的站台上，地面全部用同一种颜色的瓷砖，乘客一不注意就靠近了轨道，为此，地铁公司不得不安排专人来提醒乘客注意安全。

上海地铁一号线的细节不由地让我想到了我们的教育教学，在我们平时的教育教学工作中又有多少细节决定了多少的成败的例子。有时我们精心搭建的"台阶"、不经意的一个"转弯"、一个"不同颜色"的板书……这些恰是成就我们最佳教学效果的细节。下面我就以人教版四年级下册"三角形的认识"一课为例，来展示关注细节对于学生更好地理解概念的重要意义。

同课异构教学案例

案例一

一、创设情境 导入新课

1. 让学生说说在哪里见过三角形。
2. 请学生在自己的本子中画一个三角形。
3. 展示学生画出的三角形。

二、合作交流 探索新知

（一）探索三角形的概念

1. 刚才同学们都画了一个三角形，那么怎样判断一个图形是不是三角形呢？
2. 师出示以下几个图形让学生判断是不是三角形。

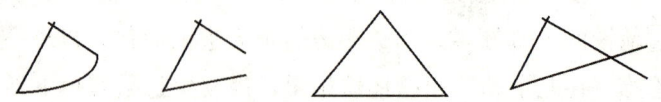

3. 分别说明判断的理由。（由第一个图形引出三角形必须要有三条线段；

由第二个图形引出没有封闭、没有围起来,总结出"围成"。结合第四个图形进一步明确怎样才算是围成。)

4. 结合刚才的判断总结三角形的概念。

5. 介绍三角形的各部分名称,并学习用字母表示三角形。

(二)教学三角形的高

1. 请学生说出三角形三个顶点分别对应的三条边。

2. 借助兔子觅食走最近的路复习旧知,引出高的概念。

师:顶点 A 有只兔子,想到 BC 边上找食吃,有几条线路可走?哪条最近?为什么?

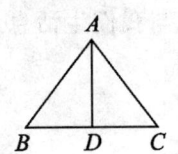

师:AD 线段就是三角形的高,AD 是 BC 的高,BC 就是 AD 这条高的底。

3. 总结高的概念。

4. 指导学生画高。先请一个学生尝试画高,总结画高的步骤(重合、对齐、画、标),而后全班同学按要求画高。

5. 画其他边上的高,总结每个三角形都只有三条高。

(三)教学三角形的稳定性

1. 从生活中为什么把许多物品设计成三角形引入,教学三角形的稳定性。

2. 师请生拉拉三角形框架和四边形框架,感受三角形的稳定性和四边形的易变形。

3. 探索为什么三角形具有稳定性。(老师为学生提供 7 根小棒让学生用小棒摆一个三角形和一个平行四边形。)

4. 生操作后展示摆出的三角形,发现不管怎样摆,摆出的三角形都是完全一样的。

5. 展示摆出的平行四边形,发现摆法不同形状和大小就各不相同。

6. 通过观察并拉动平行四边形的角。发现角的大小改变了,平行四边形的形状也就改变了，而三角形一旦确定了三条边，它的形状大小就确定了。

7. 小结三角形稳定性的原因。

8. 展示三角形稳定性的生活例子。

三、全课总结 拓展延伸

……

案例二

一、创设情境 导入新课

师生共同欣赏图片，从图中寻找三角形。感受三角形与我们生活息息相关。从中导入新课。

二、合作交流 探索新知

（一）探索三角形概念

1. 动手画三角形。师：刚才从图片中咱们找到了三角形，如果请你在纸上画一个三角形，你们会画吗？请拿出尺子和笔开始画吧。（教师巡视找一些有问题的作品进行评价。）

师：对这位同学画的三角形你有什么想说的？（要封口、线不够直……）

师：那这几位同学画的三角形你们有什么想说的吗？

生：画得很好。

师：好的，咱们把掌声送给他们。

2. 尝试概括三角形。

师：我们已经会画三角形了，现在你能用自己的语言说说你心目中什么样的图形是三角形吗？

生：有三条边，三个角，内角和是180度，三角形有稳定性……

3. 感悟形成三角形概念。

（1）辨别真假：老师画了一个三角形，看这个图形有三条边，三个角，它是三角形吗？

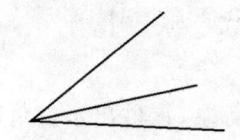

(2) 感悟"围"义：请看大屏幕。看，给你三条线段，怎样才能变成三角形呢？

生：要把它们连在一起。

师：好的，就连在一起吧。（师把三条线段一字排开连成一个长条）

生：不对，是要把它们封闭起来……

师：其实同学们说的"连在一起、封闭起来"，用一个字就可以表示，知道是什么字吗？请三个同学上来表演一下什么叫"连在一起、封闭起来"，看完他们的表演你们觉得该用哪个字来表示？是的，"围"字。

师：现在谁来说说把这三条线段怎样围成三角形？（生边说边比划，师操作课件）

师：请看围成三角形了吗？现在谁来说说什么样的图形是三角形？

生：……

（课件出示概念）

(3) 阅读概念：请翻开书第60页，看看书上是怎么说的，你有什么发现吗？

生：书上多了"每相邻两条线段的端点相连"。

师：这句话是用来解释定义中哪一个词的含义的？是的，"围成"，现在请全班同学把它读一遍吧。

（二）介绍三角形各要素

师：看，同学们刚才画的这些三角形，它们的形状不同，大小也不同，可是它们却有相同的地方，你发现了吗？

小结：一个三角形有三条边、三个角、三个顶点。为了表达方便，我们用字母 A、B、C 表示三角形的三个顶点，这个三角形也就记作：三角形 ABC。

（三）理解三角形的高

师：上学期我们学过了平行四边形的高。三角形有没有高呢？如果有，它的高在哪里呢？请大家试着在自己画的三角形里找一找，画一画。

1. 展示学生尝试画的高，判断谁画得对。

2. 要做出正确的判断，必须知道什么是三角形的高。（课件出示三角形的高的概念）

3. 引导学生再次根据高的概念判断哪位同学画的高是正确的。

4. 教师示范怎样画三角形的高。生自查之前画的高是否正确，并订正、展示、检验。

5. 探究在一个三角形里可以画几条高。

（四）感受三角形的稳定性

1. （课件出示图片）这些物体上有三角形，为什么这些地方要用三角形呢？

2. 拉一拉四边形、三角形的框架，说说你的感受。

3. 为什么三角形具有稳定性？（操作活动）

要求：请一、二两组同学用三根小棒拼三角形，三、四两组同学用四根小棒拼四边形，看看各能拼出几个不同形状的图形，拼出的图形多的那组获胜。

4. 小结：当三角形三条边的长度确定时，这个三角形的形状和大小也就确定了。所以不管怎么拼，都只能拼出一个三角形。这就是三角形具有稳定性，也叫三角形的唯一性。那平行四边形呢？（可以拼很多种情况）所以说平行四边形，容易变形。

师：看，人们利用了三角形稳定性的原理，使这些建筑不仅美观，而且十分坚固。

5. 你能举例说说生活中哪些地方用到三角形的稳定性吗？

三、全课小结

……

案例与思考

　　案例一与案例二在教学环节上并没有很大的区别，为了建立三角形的概念教师都基于学生已有的生活经验，设计了找图形中的三角形、画三角形、生根据自己的理解说三角形、多重感受概括三角形概念、用字母表示三角形、认识三角形的高、感受三角形具有稳定性的特性等环节。但是从课堂的效果中不难看出，两节课中学生对三角形概念的理解和掌握的程度是不相同的。为什么会产生这样的不同呢？其实正是由于教师对于细节处理的不同引起的。我们回过头来看看教学中的几个细节吧！第一个细节是两个案例中都设计了让学生动手画一个三角形的环节。案例一中老师在学生画完三角形后让学生展示画出的三角形，并说说，怎样判断它是不是一个三角形？教师只关注到有三个角、三条边的就是三角形。而同样是画三角形，案例2中老师关注的是对画得有缺陷的三角形进行辨别，教师在学生画好三角形后，先逐一展示存在缺陷的图形，让学生观察这些图形说说自己的想法，在纠错中不断帮助学生完善对三角形的认知，接着老师又请学生用自己的语言说说什么样的图形是三角形。当学生说出有三个角、三条边后，教师又对学生进行了有效的引导：你们都是从边、角给三角形下定义。那老师按你们的要求画一个有三条边三个角的图形，你们看它是三角形吗？……从以上的解读中我们不难看出，同样是画三角形，因为两位教师对如何展示学生作品，如何引导学生对什么是三角形的最初表达等细节的处理的不同，为后续学生形成正确的三角形概念所产生的作用就截然不同。由于有了前面顺利的铺垫，案例二中当老师呈现这一图形让学生判断是否是三角形，学生已经对怎样描述什么是三角形有了新的思考。接着在逐步引导学生感悟、概括三角形概念时，两位老师在细节处理上更是有着诸多的不同。案例二中老师出示一条线段，与学生有了这样的一个互动过程：这是一条线段，有两个端点，如果给你三条线段，你怎么把它变成三角形？如果把它这样连起来可以吗？————

　　生回答不可以，因为没有封闭。师追问：你说的没有封闭是什么意思？

生回答：要连在一起，点和点要重合，要封口。师引导：连起来又要封闭，点和点还要重合，老师想用一个字就可以表达，猜猜用哪个字可以表达。我们请三个同学上来用动作把这三个意思表示出来。老师请了三个学生上来，他们手拉着手围在了一起。师在黑板上写了个"围"字。你们看这个"围"字能表达出点和点连在一起还要封闭起来的意思了吗？那你们怎样把这三条线段围成一个三角形呢？老师请了一个学生上来，慢慢地移动线段，让端点两两重合……就在这慢慢地移动和一步步引导中让学生真切地感受到三条线段围成三角形的过程，于是三角形的概念水到渠成地流淌而出。而案例一中教师对"围成"的处理就略显粗糙，老师设计请学生判断四个图形是不是三角形的环节，让学生判断 △ 这个图形是不是三角形，学生认为这个图形的三条边没有封闭起来。于是老师便接话说你的意思是说没有围起来是吗？并直接在黑板上板书"围成"。接着又通过让学生判断 ⊲ 这个图形是不是三角形，怎样改才能成为三角形。在改中理解端点相连，每相邻两条线段相连。由于教师包办代替太多，对于细节的处理（围成的理解）不够到位，所以当老师让学生自己总结什么是三角形时，学生们就不能很好地表达出来。由此可见，思路相同，但细节处理不同所产生的效果就截然不同。当然，仔细阅读我们会发现，案例一和案例二在各个教学环节的处理中也存在着很多细节上的不同。一个个细节为学生搭建了一个个通往成功的台阶和柳暗花明又一村的转角，一个个细节的处理为高效的课堂提供了保障。难怪闻名世界的惠普创始人戴维·帕卡德曾感叹"小事成就大事，细节成就完美"。在平时教学中，我们如果能关注细节，就能成就更加完美的课堂。那么作为小学数学一线教师，应该怎样把握课堂教学细节，演绎精彩课堂呢？

1. 关注情境创设的细节处理。

"转轴拨弦三两声，未成曲调先有情。"精彩的导入能使枯燥无味的教学内容变得妙趣横生，也能唤起学生的积极思维，诱发学生全身心地投入学习，因此能艺术地处理好情境创设的细节是教学获得成功的前提与保障。教学中我们设计的情境既要有趣，吸引学生注意力，所蕴含的问题又要符合学生的实际水平，并且要具有一定的挑战性，具有一定的坡度和难度，要能使学生的认知产生"不平衡"，造成认知上的冲突，从而激发他们内在学习动机，产生学习的渴望，保证让大多数学生在课堂上处于积极的思维状态。比如人教版五年级上册"掷一掷"一课，教材中呈现的是掷两个骰子，讨论"如果和是5、6、7、8、9赢的可能性大，还是和是2、3、4、10、11、12赢的可能性大"的情境。这样的情境能引起学生的兴趣，也能引发学生的思考，但我认为，这样的情境在细节处理上还不够到位，还不能充分地引发学生的认知冲突。结合学生的生活经验和认知水平，我对情境创设进行了细节的处理，先呈现两个同学玩掷一个骰子的游戏，如果掷到的是1、2、3、4小兰赢，如果掷到的是5、6算小军赢，这一学生熟知的情境，让学生进行判断游戏规则是否公平。而后再引出掷两个骰子，如果掷出的和是5、6、7、8、9算小军赢，如果掷出的和是2、3、4、10、11、12算小兰赢，那是不是对小军还是不公平啊？因为这个规则中小军可能获胜的数字和只有5个，而小兰可能获胜的数字和却有6个……对比这两种情境不难看出，由于我关注到学生的已有经验，基于学生的认知起点（掷一个骰子，选择的数字多，获胜的可能性大），从学生熟悉的情境入手，而后抛出与之相矛盾的掷两个骰子的情境，引发了学生的认知冲突，激发了学生探索奥秘的热情，为后续的探索奠定了坚实的基础。由此可见，同样的一个情境，在细节的处理上不同，所起到的效果也就不同，艺术化地处理情境细节，对于提高课堂效率起着不可估量的作用。

2. 关注引导探索的细节处理。

《数学课程标准》把教师定位为学生学习的组织者、引导者与合作者。教师如何充分地发挥自己的作用，组织的是否到位、何时该引导、怎样与学生合作，这些都与教学细节处理有关。处理得当，我们的引导就能到位且不越位，我们的教学活动就能真正实现促进学生的发展的目标。因此，教学中要充分考虑学生的需要，在例题的设计、数据的选择、问题的开放性与适宜的点拨引导、教具学具、媒体的准备等细节上都要做精心的思考与准备，这些细节的处理直接影响着课堂教学的成败。

（1）例题的设计与数据的选择。例题设计时，教师要根据本班学生的特点，认真地分析，合理地选择处理例题中的数据，对例题和例题中的数据进行适当的改造和整合。我们可以把一个例题分解成两个例题来教学，或者把两个例题组合成一个例题来教学，也可以适当调整例题出现的顺序，使它更符合学生的认知规律；同时，例题中数据的呈现与选择，能为学生的探索活动带来启发和思考，因此对例题中数据处理的细节也对课堂教学的效率起着至关重要的作用。比如：我们在教学四年级下册的平均数一课时就遇到这样的一个细节处理问题。备课时我们设计了小军三次投掷的数据是8环、6环和7环，希望学生通过移多补少感受平均数的意义。但考虑到移多补少后7环是三个数的平均数，这个平均数又不利于学生理解7环既不是第一次投掷的环数，也不是第二次、第三次投掷的环数（因为这个7环正好与第三次的7环一样）。所以就决定修改数据，改为5环、6环和10环，这三个数据的使用，不仅为学生移多补少的操作增加了思维深度，同时也更有利于帮助学生理解平均数的实际意义，一个数据的细节处理，为学生的思维打开了一扇窗，给学生更为广阔的操作和思考的空间。

（2）问题的开放性与适宜的点拨引导。课堂教学中，教师教学问题的设计对学生思维的发展有着非常重要的作用。教师应该为学生设计有一定间域和思维度的问题，让学生在自主感悟、比较、体验中获得发展。问题太大，学生无从下手，问题太小太碎，又无形中限制了学生的思维，牵着学生的鼻子走，学生的主体性得不到充分的尊重。因此课堂中我们要根据教学对象的学习特点，设计合适的问题，使学生的思维空间得到最大的拓展。比如案例二中，关于三角形的高的教学，教师的问题就设置得非常到位。教师的问题1是：上学期我们学过了平行四边形的高。三角形有没有高呢？如果有，它的高在哪里呢？请大家试着在自己画的三角形里找一找，画一画。接着老师展示学生尝试画的高后，让学生判断谁画得对，并提出第2个问题：要做出正确的判断，必须知道什么是三角形的高。（课件出示三角形的高的概念）让学生读后，引导学生再次根据高的概念判断哪位同学画的高是正确的。老师仅仅通过两个问题，就把认识三角形的高这一教学难点给突破了。分析这两个问题，我们不难看出，教师在问题细节的设计上是多么精巧，首先教师基于学生已有的对高的知识经验提出开放性的问题，让学生自己尝试根据经验在三角形中找一找画一画高。接着让学生明确要判断哪位同学画的高是正确的，就要知道什么是三角形的高，于是直接抛出三角形高的概念，并让学生利用概念进行判断。教师在该出手时就出手，把一些约定俗成的概念抛给学生，并留给学生自主判断探索的时间，利用所给的概念自己思考和探索，这样的问题恰到好处，这样的引导恰如其分。

（3）教具学具的准备与媒体的使用。新课标要求我们要留给学生充分的时间和空间经历观察、实验、猜测、计算、推理、验证等活动过程，让学生在活动中理解掌握知识、体会和运用数学思想与方法、获得基本的数学活动经验。数学活动成为数学教学的主旋律，那么在活动中教学具的准备，媒体手段的选择这些细节就显得至关重要，这些细节的把握程度直接影响着活动的效果。比如教学"三角形面积的计算"这节课时，如何给学生准备学具呢？有的老师直接给每一组的学生两个完全一样的三角形，让学生拼一拼，再观察比较推导出三角形面积公式，这样的拼一拼活动有价值吗？如果我们能从教学具准备的细节考虑，能从学生发展的角度考虑，我们就绝对不会忽视三角形教具的准备环节。我想，如果给学生准备几个三角形，有的组是特殊的等腰三角形，有的是直角三角形，有的是锐角三角形，有的是钝角三角形，这些三角形中有的是完全一样的，有的不是完全一样的，组与组之间的学具还各不相同。这样的学具，给学生提供了广阔的思维空间，有的学生可能利用单个的特殊三角形（等腰三角形）直接切拼成平行四边形，有的小组则无法用一个三角形切拼成平行四边形，就想到需要两个三角形，可当他们在寻找两个三角形去拼时又发现并不是随意的两个三角形都一定能拼平行四边形的，必须找到完全一样的三角形才可以……正是因为老师在学具准备这个细节上做了充分的设计，学生的思维在操作中得到了提升，操作也因学具的精彩而精彩。同样的道理，我们在设计媒体使用的细节也直接影响着课堂的教学效果。比如教学面积单位平方厘米时，是选择用现代媒体——电脑演示，还是选择传统媒体——卡纸剪成的1平方厘米，这个细节的处理就直接影响着学生对1平方厘米表象的建立程度。如果用现代媒体手段必将阻碍学生对1平方厘米的正确认识。真是一个细节决定了一节课的成败啊！

3. 关注练习设计的细节处理。

很多教师在课堂中关注的是情境的导入、新课的教学，而对于练习的设计不是太关注，让人有虎头蛇尾的感觉。其实一节课中拓展练习环节的设计也是教学活动的一个重要组成部分，练习拓展部分细节的设计也能彰显教师的智慧。教师在此环节若能关注到练习设计的层次性、开放性、创造性，能设计一些体现数感、符号意识、空间观念的培养，能运用几何直观、模型思想解决问题，能提高数据分析观念、运算能力和推理能力培养学生应用意识和创新意识的习题，终能为课堂增添色彩。例如我们在教学"平均数"一课后设计了以下几组层次鲜明能很好地帮助学生理解平均数的实际意义和运用，并能真正落实数据分析观念培养的练习，为本节课的教学增色不少。练习分为四个层次：第一个层次为基本练习，让学生利用所学的平均数的知识解决班级中5位同学平均身高的问题，通过练习掌握平均身高的一般求法，感受平均数一定介于最高的同学与最矮同学的身高之间。第二个层次是对平均数求法的拓展与延伸，当学生求出5位同学的平均身高之后，教师引导学生思考，如果要求全班同学的平均身高可以怎么求，在探索中引导学生感悟，全班人数较多用先求和再平均的方法比较麻烦，可以抽取典型的有代表性的同学求出平均身高就是全班同学大致的平均身高了，在此基础上引导学生感知全国统计的12岁学生的平均身高是如何得到的，感受抽样平均。第三个层次是拓展运用的练习，教师继续以身高为话题，呈现王叔叔希望报考空军飞行班，可是当他看到招收条件后觉得自己不符合要求决定放弃，你们看后有什么话要对王叔叔说。招收要求：平均身高1米85厘米。王叔叔身高只有1米84厘米。他认为自己没有达到身高的要求。通过解读，学生们更加深刻地认识了平均数的实际意义。第四个层次教师设计了各国水资源情况统计表，让学生根据统计表谈想法的练习。教师先呈现全世界水资源最多的6个国家的水资源情况，而后出现这些国家的人口数量，让学生谈谈自己对水资源统计情况的思考。这样的练习让学生感受到平均数既和总数量有关，也与总份数有关，在分析数据时要多方面考虑，不要被表面现象所迷惑。以上四个层次的练习不仅帮助学生很好地理解掌握与平均数相关的知识，同时也真正达到了培养学生数据分析的观念的目标。因此练习设计细节的关注对于提高课程有效性，提升课堂品质起着不可估量的作用。

当然课堂教学中应该关注的细节还有很多，比如我们还应该关注语言动作方面的细节处理以及板书设计的细节处理等等。老师的一个动作、一个眼神、一句评价语言都可能成为精彩课堂的唯美细节，而教师的板书更是精彩课堂的点睛之笔。我们的教学活动是由一个个细节构成的，教学细节的处理是一门科学也是艺术，成功的教学必定离不开精彩的细节，关注细节，就会成就精彩课堂。

（作者：林碧珍）

抓住数学本质　在异中求同

"同课异构"是重要教研手段,"同课异构"是指让不同或相同的教师对同样的课题与教学内容,根据自身对教材解读,结合自己的教学特点进行不同的教学处理。不同的教学方法演绎、不同的教学思路的碰撞,让教师可以在相同教材的处理中进行对比与反思,从而实现优势互补,同时促进教师的专业素养的提高。

然而,有些人会这么说:"课程改革以来,小学数学课堂教学中可以说所有的课都已经有了很多种的不同教学设计,其中还不乏特级名师们的精彩演绎,能想到的应该都已经被想光了吧,那又如何同课异构?只有追求标新立异、与众不同才是异构吗?"这样的疑问也常常困扰着我。

缘起——一次"纠结"的同课异构

"圆的认识"一课相信老师们一定非常的熟悉,这是小学数学人教版教材六年级上册的教学内容。作为一节经典的老课,不仅有了众多的课堂教学设计,更是有了如华应龙、张齐华等著名特级教师的经典演绎。那年信心满满的我在同课异构研讨活动的众多课题中,毅然地选择了这一熟悉的课,也想好好展示一番,哪料想却是一场"痛苦纠结的旅程"的开始……

"圆的认识"是在学生认识了长方形、正方形、三角形等多种平面图形的基础上展开,也是小学阶段认识的最后一种常见的平面图形。既是学生学习曲线图形的开始也是以后学习圆的周长、面积和圆柱、圆锥的基础，在整个几何教学体系中起着承前启后的作用。学生们在日常生活中对圆已有丰富的生活体验和一定的经验积累，但对于建立正确的圆的概念以及掌握圆的特征来说还是会存在一定困难的。我借鉴了名家们的教学设计，以生活经验为抓手，设计了以下的教学环节。

案例一：

一、创设情境，感受生活中的圆

（出示情境图）寻找生活中圆，感受圆与以前学的平面图形有什么区别？——圆是平面图形中的曲线图形。

二、操作实践，认识圆各部分名称

1. 让学生通过不同的手段来画各种大小的圆（如杯子临摹、用圆规工具或自制的类圆规的方式画圆……），重点演示如何用圆规画圆的技巧。

2. 让学生把纸片上的圆剪下，按照教材上的要求对折。展开后让学生观察：圆的中心叫圆心；连接圆心和圆上的任意一点的线段叫作半径；圆有无数条半径，（通过测量）这些半径都相等；圆还有无数条直径，它们的长度也相等；……

3. 引导学生根据刚才测量的结果，观察圆上的直径和半径，思考直径和半径有什么关系？体会"一中同长"的意义。

三、巩固提高，拓展身边的圆

1. 游戏：看谁开得稳。小动物们开着车轮子分别是正方形、三角形、圆形的车，哪个车子开得更稳些？选择圆形轮子的轴承应该装在哪里呢？（圆心）

2. 在生活实际中要画一个比较大的圆该怎么画？（展示古人用绳子画圆的动画）

3. 感受动态的圆——螺旋桨的旋转、正方形长方形旋转后出现了"圆"……

四、总结回顾，谈圆的收获

细心的老师们也许发现了在这个案例中，借鉴了许多名家的经典片段，在我的思考中这样的课不说是完美，起码也是出色吧。然而理想很美好，实际的课堂反馈却是另一般的场景：想象中学生踊跃的场面没有看到，老师更像是一位导演，牵引着学生来认识圆，学生们好像都懂，却又没有更深入的感受。明明都是最好的配料为什么做出来的却不是"佳肴"？问题到底出在什么地方呢？随着时间一点点地推进，离公开研讨的时间越来越近，几次调整效果都很不理想，甚至开始想打退堂鼓，想要退出此次的活动，痛苦并煎熬着……

反思——"课堂教学的本质是什么？"

在纠结中，我开始思考问题到底在哪里？有了那么多的动手活动、知识拓展，为什么却没有达到预期的效果？在这个时候，团队里的导师一语道破：教学的本质是什么——"教什么比怎么教更重要！"是啊，在前面的教学中，我更注重的是教学形式上的多样，借助多媒体技术给学生们视觉上的冲击，然而课堂教学的本质是这些吗？

"学习数学的唯一正确方法是进行再创造，也就是让学生自己去发现或创造，教师的任务是引导和帮助学生去进行这种再创造的工作，而不是把现成的知识灌输给学生。"先明白了要教给学生什么，再去思考应该如何来实现，才是有意义、有价值的。于是，我形成了新的思路。

案例二：

一、感受圆的形成——寻找"圆"

1. 三人投沙包竞赛，如何体现公平？

（使每个人离中心点的距离相等）——三角形

2. 如果是 4 个人、6 个人、100 人、无数……

感受圆的形成（三角形、正方形……圆）

3. 体会圆与其他的平面图形的联系与区别。

（生活现象不是一句简单的话就可解决的。运用所探究的知识，解决生活中的问题，有利于培养学生用数学的眼光观察生活，会把学生引入一个更为美丽、更加广阔的空间）

二、初步体验画圆——感知"圆"

1. 认识圆的圆心、半径。

2. 体验画圆。

画一个与学具袋中一样大小的圆、分享画圆的经验与收获。

（如何找到圆心、如何根据圆的大小利用圆规来画圆？）

3. 通过书本自学相关的知识点、交流圆各部分之间的关系。

设置矛盾冲突点——（设置一组学生所要画的圆大一些，半径正好等于其他学生圆的直径），在纠错与被忽悠中加深对圆各部分间关系的理解。

定点——圆心 决定圆的位置　　定长——半径 决定圆的大小

（经历观察操作、想象验证、合作交流活动认识圆及圆的各部分名称，体验圆的本质特征及半径与直径的关系；把探究新知的主动权交给学生，鼓励学生用不同思路、不同角度、不同方法解决问题，让体验奠定成功。）

三、感悟归纳提升——分享"圆"

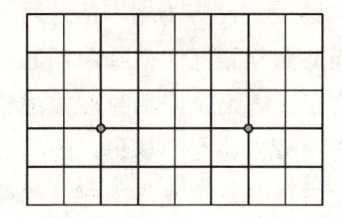

画一个圆让两点都在同一个圆上。
像这样的圆可以画几个？

（让学生感受圆的神奇魅力，丰富学生原有的认知结构；用数学的眼光解释生活中圆的应用，让学生的数学成长与文化特性同行。）

上述的教学活动在研讨活动中得到了与会老师们的认可与支持，终于在煎熬过后顺利地完成了教学任务，生活里再次充满了阳光。

感悟——教学应抓住数学的本质

回顾这次难忘的教学经历，在对浮躁的自己进行批判的同时，深深感受到追求同课异构实质上是在基本相同的教学内容中，不断探索新的教学目标或教学途径，探索不同的教学价值。教学中应该关注学生的生活经验与数学知识本身的本质联系与区别，注重现实情境问题向数学问题的转化过程，真正让学生去经历知识形成的过程（建模），去经历活跃的数学思考的过程，从中感悟数学，感受到数学的乐趣。那如何才能抓住数学的本质进行教学活动的创设呢？数学学科的本质到底需要注意什么呢？

一、全面理解数学基础概念，寻找教学价值

小学阶段所涉及的数学概念都是非常基本、非常重要的，"越是简单的往往越是本质的"。如"圆的认识"一课中，如果要给圆下个定义你会怎么表达？其实圆的定义有很多，比如：

定义1：平面内与一个定点距离等于定长的点的集合叫作圆。

定义2：在平面内，以一个固定点为中心，离该中心点一定距离外的一个动点，绕着中心保持等距离运动所形成的图形叫作圆……

故在案例二的伊始，让学生们感受圆的形成过程，从三角形——正方形——六边形——十边形——正无数边形（圆），感受"化方为圆"的过程。利用现实生活现象所特有的规律，逐步抽象、概括数学信息，使抽象问题具体化。虽然教材中对相关的知识不是严格地给出定义，而是采用直观描述的手段进行阐述，而作为小学教师的我们，只知道直观描述是不够的，还需要知道不同教材中对圆知识的描述，甚至是在后续的初中高中大学中相关的圆的上位知识，在教学或者是研究圆的时候才能做到居高临下，充分地和学生分享"一桶水"。

二、关注知识形成的过程，渗透思想方法

学生不是一张白纸，数学的学习也不仅仅局限在课堂上，在生活中他们也在不断地积累经验与知识。关于圆很多学生都知道一些，但是他们已有的知识往往是碎片化的，不够系统的，而且学生间也存在差异性，有的知道得多点，有的知道得少点。课前我还在担心学生们能否探索出圆的本质特征，能否理解：圆是由一条封闭的曲线围成的图形，理解圆上的任意一点到定点的距离是全部相等的……结果实际教学活动（如选择位置体现投沙包游戏公平性时、画与给定的圆一样大小的圆等活动）中，学生们还是体现出了很强的操作和探索能力。

课程标准强调课堂教学中注重知识形成的过程，强调实践操作、动手感知。在活动中"悟"数学，加强对知识的感悟，并且在教学的活动过程中感受数学的逻辑性与思想性，如在感知圆的形成和最后的画经过两点的圆时体验数学中极限思想和集合思想。数学思想方法的渗透不是以定义或标签的形式来告诉学生，而是应该将之与知识形成、实际问题的解决紧密联系起来，做到"细水长流"。

当然，从圆的本质出发，一节课不可能做到面面俱到，每一位教师在教学时都可以从不同的角度切入展开教学，如从画圆的角度、针对不同学生的知识水平出发的分层教学、从合作交流的角度、从自学到提问的角度……进行设计教学。但我想，新时代的教师一定要做到"上的课可以有遗憾，但却不能没有想法"！

我们只要抓住数学的本质不断创新，在创新中不断地思考与反思，才能使自己的教学能力不断地提高。

（作者：张德强）

第三编 统计与概率 综合与实践等

统计与概率、综合与实践、数学广角这三个部分都是课程改革后新出现的内容，这些内容的教学目标是什么？重点又要落在哪？怎样通过这些内容的教学培养学生的数据分析观念，提高学生的创新意识、实践能力，引导学生感受和运用数学思想方法、积累活动经验，并逐步形成解决问题的策略，提高解决问题的能力呢？工作室的老师们通过不断的实践和探索，总结了一些切实可行的经验和方法。

让学生们学习有感觉的数学

感觉，心理学名词，是其他一切心理现象的基础，没有感觉就没有其他一切心理现象。当学生学习无感觉的数学时，数学对他们而言是枯燥的、抽象的、无趣的，学习是被动的、机械的、困难的。要想让学生学好数学，我们就要让学生们在课堂中有欲望、有困惑、有顿悟、有激动……丰富他们的心理活动、思维活动，让他们有感觉地学数学。

感受"感觉"

这几年到全国学习听课的机会不少，而一次幸运地到台湾学习，让我感受到了一种完全不同的教学气息，那是台湾彰化师范大学施皓耀教授的教学理念"要让学生们学习有感觉的数学"引起了我最为强烈的共鸣。我在施教授的一件事、一句话、一个案例中逐步感悟。

一件事：施教授通过与我们分享如何品咖啡一事，让我们领悟人生态度。真正会品咖啡的人，并不是只会喝出咖啡的好坏，而是让自己经历制作咖啡的全过程，从到咖啡园采摘咖啡到选择咖啡的好坏，再到烘咖啡。这才是真正的咖啡达人。这也就是他做教育的态度，教学生的态度：要让学生真正地学会知识，就要让学生们参与其中，学习有感觉的数学。

一句话：施教授在对优资生教学中的一句评价的话："如果你真的懂得的话，现在就不会说忘了！"触动了我，是啊，为什么学生学了知识这么容易忘记呢，就因为当时学习此知识时，对知识没有深刻的感觉。

一个案例：施教授在讲座中展示他在教学实践中如何"让学生们学习有感觉的数学"，施教授这样教"分数的除法 $\frac{8}{5} \div \frac{2}{3}$"：首先他先让学生认识除法具有倍数的含义，接着他先拿来两种颜色的橡皮筋，黄的3个，黑的若干个，将它们串在一起，接着将它们拉长，学生们发现拉长后，橡皮筋整体拉长了，黄的橡皮筋当然也同样被拉长了，因此它们的倍数关系不变。而且施教授还引导学生们发现当拉到整数时，倍数关系好算。在学生有这样的认知，对倍数有感觉的前提下再开始思考分数除法。$\frac{8}{5} \div \frac{2}{3}$→先同时乘3（拉长），$\frac{8\times 3}{5} \div \frac{2\times 3}{3}$→变为整数 $\frac{8\times 3}{5} \div 2$→再先同时乘5（拉长），变为整数 $\frac{8\times 3\times 5}{5} \div (2\times 5)$，也就是 $\frac{8\times 3}{5\times 2}$，从而让学生有感觉地学会分数除法，施教授还告诉我们，这样的学习方式收益的将是那些本来数学学不好的学生。是啊，学习数学就如施教授所说的："虽然数学学习背后的道理很深，但我们可以用很粗浅的方式让学生理解它。"

实践"感觉"

返校后我带着施教授给我的启迪，本着"让学生学习有感觉的数学"的教学理念，在教学中开始了初次实践和探索。在我进行了一次又一次的不断尝试与改进后，终于找到了教学的感觉，以下是就人教版一下"摆一摆"一课，去台湾前与去台湾后完全不一样的教学理念下进行的教学设计：

片断一：新课的导入部分：

台湾学习之前 师：同学们，这是几？（生：2。）你能用这两个珠子表示出不同的数吗？学生多次尝试后，说：不能摆出。

接着老师在黑板上出示数位牌——个位、十位，并问：现在呢？学生表示现在可以了！

台湾回来之后 师：同学们，这是几？（生：2。）你能用这两个珠子表示不同的数吗？学生多次尝试后，说：不能摆出。

师：同学们，不着急，我们举例子来思考一下。

师：在这我是？（老师）外出学习，坐在位子上的我是？（学生）运动会开幕式上，我作为嘉宾坐在主席台上，我是？（贵宾）

师：同样是我，由于我处在不同场合不同位置上，我的身份就不相同，生活中是这样，数学中有这样的现象吗？

师：我现在给你一支粉笔，你能在这写上几个字，就能变出不同的数吗？（学生自己写出个位、十位）

师：我觉得你比刘谦还厉害，不用道具就能变出这么神奇的数学魔术。

师：同一数字为什么我加上了它们（数位表）就能表示出不同的数了呢？

师：同样是1个珠子，但它所在的位置不同，就能表示不同的数啊。看来不是付老师厉害，而是这数位表厉害啊。

案例思考：第一种设计，教师在学生无法用两个珠子表示11时，教师直接出示数位表帮助学生，而第二种设计，教师在学生无法用两个珠子表示11时，并不直接告诉学生，而是结合生活中"我"所处的位置不同而引起身份变化的现象，让学生感受数学中也同样存在这样的现象，学生带着这种感觉自己写出了个位、十位，不仅探究出了结果，还充分感悟到数位的重要性。

片断二：发现规律一

在摆一摆的教学中要让学生发现用几个珠子能摆几个数的规律，如：用2个珠子能摆3个数，用3个珠子能摆4个数……

台湾学习之前，我是依次先让学生们用3个、4个珠子摆出的不同的数，然后在摆5个珠子之前先让学生们猜测，再动手摆数验证。

台湾回来之后，我在学生用3个、4个、5个珠子摆出不同的数之前都让学生猜测能摆几个数？当学生在猜测用3个能摆出不同的数时，只有小部分学生能推出正确结论，而大部分的学生都处在无依据的瞎猜阶段。但在之后的4个，进而5个的猜想过程中学生的正确率逐步提高。在这之后，我还让学生归纳了猜想正确的原因：刚开始是无依据的猜想，现在是发现规律后的有依据的推理，并告诉学生这就是学习数学的一种重要方法：通过一些简单的例子发现规律，再用规律解决复杂的数学问题。

片断三：发现更多规律

台湾学习之前，课堂中当我把用珠子摆的数归纳整理成下表，并引导通过观察下表探究规律，学生总是总结不出横看一组数的排列规律：个位由大逐渐减少，十位由小逐渐增加，但总数不变。因为这一条是这堂课很重要的规律，刚开始我总是非常着急，使劲牵着学生走，只有一部分学生非常费劲地能配合我说出规律。而大部分的学生此时完全不明白。

```
2  11  20
3  12  21  30
4  13  22  31  40
5  14  23  32  41  50
6  15  24  33  42  51  60
```

台湾回来之后，经过反思，我发现这是由于学生对此规律没有"感觉"，为此我改进教学策略，在出示此表而学生找不出规律时，我并不着急，没有给学生任何提示。而是设计了一系列有层次并富有挑战性的填数练习。

1. 整理2到6个珠子有序摆出的数，发现什么规律？（此时学生能发现什么就说什么呢，不加以任何引导。）

2. （出示9个珠子摆出的数）少了一个数，你知道是多少吗？你是怎么知道的？

```
9  18  27  36  45  54      72  81
```

此时学生们迫不及待地说：我知道，是63。教师急忙追问：为什么？学生马上说道：因为这里有规律，个位逐渐减少，为9，8，7，6，5，4，接下去当然是3，而十位逐渐增加，为0，1，2，3，4，5，接着就是6。此时的规律完全是学生在挑战性的练习中感悟出的。

3. （出示8个珠子摆出的数）只有两个数，你能知道什么？你是怎么知道的？

```
        26                    71
```

学生非常聪明，马上回答：8个珠子，2+6=8，7+1=8。

接着教师并没有让学生写出一整排数，而是问：26的前一个数是多少？后一个数是多少？71呢？这样不仅节约时间，还突出了"个位逐渐减少，十位逐渐增加"的规律。

4.（出示一张没有数的表格）你又能从这里发现什么？

此时学生快速寻找着表格中唯一的数学信息：8个格子，并很快根据前面的规律，判断出：这是7个珠子摆的。

这样设计，老师没有进行任何提示，学生们在一次又一次尝试填数游戏中慢慢"感悟"出规律，逐渐完善规律，学生们主动地、快乐地探究着，学习变得那么轻松、有趣。

策略思考

这一次教学实践非常成功，我发现我创造出了一个与以往都不同的全新课堂，在接下来几年的教学中我不断探究，并尝试归纳总结"让学生们学习有感觉的数学"的策略思考。从中总结出以下几点：

一、联系实际找"感觉"

在小学数学教学中，学生认识的起点往往不是逻辑公理，而是生活中的一些实际事例。小学生不是上学才接触数学，也不仅仅是在学校中才接触数学。他们在上小学之前，在日常生活中，已经有意无意遇到许多实际的数学问题，积累了一些初步的经验。教学中我们帮助学生从生活实际找感觉，从而轻松地解决数学问题。在教学人教版一年级的"分类与整理"时，我设计了这样的导入：老师打算到小熊超市里买一个杯子，但是一进超市，我被眼前的景象惊呆了，接着教师出示主题图（一个杂乱无章的超市）。此时学生顿时沸腾了，学生笑着说着：这么杂乱，怎么买东西啊？教师接着说：那该怎么解决，你们能帮帮小熊吗？学生轻松地说：那得将这些东西分类。老师说：

那为什么要分类呢？一个学生马上举手说道：整齐、清楚、找东西方便！这就找到了"分类"的感觉。

教学中，我并不直接出示教材中的主题图：不同形状不同颜色的气球让他们直接分类，而是通过设计一个有意义的生活场景，让学生主动产生分类整理的意愿，并深刻地认识到分类的重要性，充分调动了生活对分类的感觉，从而达到学习有感觉的数学。

二、猜想、验证形成"感觉"

数学学习的过程是经历了从不合理到合理、不清晰到清晰、不全面到全面的过程，是一个包含有猜测、错误和尝试、证明与反驳、检验与改进的复杂过程。在教学中我们要创设让学生猜测、尝试的机会，让学生在不断反思中，改进自我、提升思想，逐步感悟、将抽象的结论变为有感觉的规律。以下是人教版三年级的"稍复杂的排列"中的教学片断：

第一关：用3，1，4，5摆出的两位数（个位、十位不重复）

（1）猜测：会摆出几个，在本子上写出猜测结果。

（2）验证：A：学生自由写，B：展示作品，C：讨论方法：如何保证写得不重复、不遗漏，D：对比：定位法和交换法哪种更简单方便？

（3）结果：共有几种可能（12种），谁写对了？

如果请你列式求个数，你会怎么列？$3\times4=12$，为什么这么列，3、4表示什么？

第二关：用0，2，4，6摆出的两位数

（1）猜测：会摆出几个，在本子上写出猜测结果。

（2）验证：A：学生自由写，B：展示作品，C：讨论方法：如何保证写得不重复、不遗漏，D：对比：用定位法、交换法哪种更多？

（3）结果：你是怎么猜出来的？（十位不能是0，减去3个；$3\times3=12$）

在两关过关游戏中，我出示题目后，并没有直接让学生动笔写，而是增加了猜测环节，这样设计让一部分数学直觉能力和观察、推理能力极强的学生发挥出他们的潜能，同时也让大部分的学生在通过由错误到正确的渐进过程中自发地感悟并发现规律，这是一个自我发现、自我改正、逐步提高的深刻过程，学生对规律的感悟极为深刻。

三、层次递进收获"感觉"

洛克说过："我们想使儿童变成聪明、贤良、磊落的人，用鞭挞以及别种奴隶性的体罚去管教他们是不合适的。"的确如此，物极必反。所以，我们应该有一颗等待的心，用爱来理解学生，用学生的兴趣和好奇心来引领他们自己成长，学生的教育如此，对于学生的教学更应如此。有些知识或者规律对于学生的学习会有一些甚至是很大的困难，这时我们不能急于求成，教师应具备"静待花开"的心态，遵循学生的认知规律，设计一些巧妙的、有层次的练习或活动，让学生慢慢感悟，在活动中收获智慧。以下是人教版二年级"加法与乘法的对比"的教学片断：

教学时，我直接出示例题：

比较下面两道题，选择合适的方法解答。

（1）有4排桌子，每排5张，一共有多少张？

（2）有2排桌子，一排5张，另一排4张，一共有多少张？

在学生解答之后我非常非常惊奇地发现学生错题率居然达到甚至超过50%。为此我剖析教材，读懂学生，并本着"层次递进"的想法，设计层层深入的教学环节和教学活动带着学生慢慢感悟"加法和乘法的不同"。

（一）比较尝试，初步感悟

在学生列出算式后，我并不急于告诉学生算式的对错，而是在解题方法上给予学生引导：你们的算式究竟对不对呢，在数学学习中有一种很好的解决方法能帮助我们理解题意，找到正确的解决方法。这时学生很快说出画图。接着学生们根据题意画出了示意图。我适时引导学生对照图和算式纠正错误，自己感悟并找到正确的解决方法。

（二）独立练习，加深感受

再次出示两道加法、乘法对比试题，让学生自己寻找解决问题的正确方法，很多学生自觉画图帮助解决。此时学生们正确率有极大提高。接着我选出学生们的一些方法，让学生们互评。

（三）巧变圆片，深刻感悟

1. 看图说图意。

○	○	○	○	○	○	○	○	○	○
○	○	○	○	○	○				

2. 加变乘。

教师摆出用加法计算的圆片图，让学生改变为乘法计算的圆片图（尽量少动珠子，比一比谁的方法多）。

3. 游戏反思。

你怎么想到这么多方法？有什么秘诀吗？

此时学生非常轻松地回答：老师，其实只要把每一行变得一样多就是乘法了，接着老师才适时地让学生总结：如何分辨两种问题。

课堂中学生的"感觉"是慢慢形成的，"强扭的瓜不甜"，在学生没找到感觉，发现不了规律时，你强加给学生，此时学生是感悟不深刻的，这样的学习花再多的时间都是低效的。教师只有针对学生学习难点，巧妙设计、层次递进，给予学生学习方法指导，给予学生充分感悟的时间，让学生们在错误中反思，在游戏中提炼，知识的形成才能做到水到渠成，知识的理解才能清晰透彻，学生才能享受到"拨开云雾见明月"的欣喜。

让学生学习有感觉的数学，不仅是一种教学理念，更是对学生负责的态度，数学的教学并不是教师单方面的一种简单的给予，而是让学生在教师创造的智趣课堂中慢慢感悟！慢慢品味！慢慢享受！……受用一生！正如施教授所说的，要让学生有感觉，自己要先有感觉。我正在实践教学中慢慢寻找这种感觉，并幸福地与学生们分享着……

(作者：付颖)

丰富数据感知　发展数据分析观念
——以人教版四年级"平均数"的教学思考为例

随着社会的发展,统计在实际生活中的应用越来越广泛,大到国民生产总值资源的分配,小到家庭收支活动的开展,都离不开数据的统计与分析。小学数学课程标准中,也将统计与概率作为重要的学习内容。随着大家对统计与概率教学的不断探索和实践,人们逐渐认识到对于这个领域的学习,重要的绝不仅仅是画统计图、求平均数等技能的学习,而是要让学生"亲近"数据,加强对学生数据分析观念的培养。那么,在课堂教学中怎样才能真正落实发展学生数据分析观念的教学目标?下面,我结合自身实践,谈谈教学中培养学生建立数据观念的实践与思考。

缘　起

我有幸承担了2015年校教育教学年会的任务,并执教"平均数"一课。在备课磨课的过程中,我明显感受到本人对于发展学生数据分析观念的意识理解上的不同,所呈现出的教学设计和教学效果就有很大的不同,对学生数据分析观念的建立所起到的影响也是截然不同的。下面选取两次有代表性的预教方案,以此来折射不同理念下的平均数教学。

案例一:教师设计了四个教学环节帮助学生理解平均数的意义,并逐步引导学生用多种方法求出平均数,完成人教版四年级下册第90页例1和例2的教学。

一、创设情境，理解平均数的概念

1. 教师创设了一个套圈比赛的情境，通过组织两组人数不等的比赛，让学生初步体会到"比总数"不公平，自然过渡到"通过求出平均每人的套圈数量，再做比较"的思路上来。"平均数"由此自然生成；并在争辩过程中发现用求平均数的方法来解决这一问题的合理性，从而引出平均数的现实意义。

2. 教师引导学生探索怎样用不同的方法表示一组数据的平均水平，并在探索中学会先合后分、移多补少的方法从算法角度理解平均数。

二、借助条形统计图，加深对平均数的认识

教师以条形统计图呈现数据，并利用条形图中涂色方块的移动揭示求平均数的不同方法，为学生理解平均数的意义提供了感性支撑。

三、课堂练习、巩固新知

在教师的引导下，学生完成教材中的做一做，进一步巩固对平均数的认识，掌握求平均数的方法。

四、回顾总结，畅谈感受

……

案例二：

一、创设情境，建立平均数的意义

创设学校举行三人"飞镖挑战赛"的情境，逐一出示三个人的比赛成绩统计表。

1. 出示小张比赛成绩统计表。

选手	第一轮	第二轮	第三轮
小张	7环	7环	7环

教师引发学生思考：要表示小张投掷飞镖的一般水平用哪个数比较合适？

2. 出示小李比赛成绩统计表。

选手	第一轮	第二轮	第三轮
小李	5环	6环	10环

（1）教师再一次引发学生思考：该用哪个数来表示小李投飞镖的一般水平呢？并请学生通过摆一摆等方法找出能表示小李投飞镖的一般水平的数据。在学生操作汇报之后引出：从多的里面移一些补给少的，使得每个数都一样多。数学上我们把它叫作"移多补少"。通过移多补少后得到的同样多的这个数，叫作原来这几个数的平均数。

（2）在此基础上引导学生思考还有没有其他方法能算出平均成绩？
（5+6+10）÷3＝7（环）先合后分

3. 出示老师比赛成绩统计表。

选手	第一轮	第二轮	第三轮
老师	6环	8环	

（1）先呈现前两轮成绩，猜想能否得第一？并请学生充分发表自己的想法。

（2）在学生充分表达之后教师呈现第三轮成绩是1环。利用巨大的数据反差，让学生感受平均数的敏感性。

二、深化理解，发展数据分析意识

1. 应用所学知识解决求5个同学平均身高的问题，并组织学生通过观察发现一组数据的平均数必定大于最小值，小于最大值。

2. 拓展延伸感悟平均数的统计意义。

（1）教师在学生求出5个同学身高后，追问："想要知道全班学生的平均身高，该怎么办？"

学生充分发表自己的见解：有的觉得要收集全班同学的身高求出总数后除以全班人数求出平均数，有的认为可以用高矮搭配的方法选出一些人算出平均数就可以代表全班平均身高，有的则认为可以选择身高适中的同学求出平均数……在选择和说理中提升了对平均数的认识。

（2）教师又步步紧逼，抛出："如果想要知道全国某个年龄段的平均身高,该怎么办?"借此帮助学生感知生活中有时可以用样本平均数去估算总体平均数的方法,完善了学生对于平均数统计意义的理解。

三、拓展应用,发展数据分析观念

1. 解决王叔叔的身高困惑。

教师创设了"八一空军飞行表演队"招聘的情境:"八一空军飞行表演队"的平均身高达到了 1 米 85 厘米,可王叔叔只有 1 米 84 厘米,他想放弃报考。如果你是王叔叔的家人,你会对王叔叔说些什么?通过讨论,让学生认识体会到有的人可能比平均身高高,有的可能比平均身高矮,没有必要放弃报考。

2. 教师接着为学生出示:仰卧起坐比赛,第一小组 4 人,一共做了 100 个。第二小组 5 人,一共做了 110 个。哪个小组的成绩好些?通过计算,感受到总数和所分的份数都将直接影响着平均数的结果。

3. 在应用的最后环节,教师先出示我国淡水总量占世界第六位这一信息,让学生说说,看到这个信息你有什么想法,接着呈现中国人口在世界中的位置,以及我国人均拥有淡水的数量,感受我国人均水资源极度匮乏。在强烈对比中感受平均数不仅跟总量相关也与总份数相关,增强学生全面观察分析数量的意识。

四、谈收获

……

实 践 反 思

北京教育学院的张丹教授说:"对平均数的理解有三个角度:算法理解、概念理解和统计理解。"对一线教师而言,帮助学生从算法角度理解平均数并不难,正如案例 1 所呈现的那样,第一次试教时,笔者在教学中能很好地理解教材中例 1 和例 2 所描述的内容,准确地从算法理解方面确定教学目标,帮助学生感悟平均数产生的必要性，理解并掌握平均数的求法，课堂中学生对平均数的相关内容也理解较为到位。但与案例2相比较就不难看出，两次预教在如何通过平均数的教学培养学生真正达到对平均数概念和统计角度的理解，培养学生的数据分析观念的做法上存在着巨大的区别。案例2的教学不仅帮助学生从算法和概念角度认识了平均数，更设计了许多精彩的教学环节帮助学生从统计角度理解平均数，这样的教学对于学生数据分析观念的培养有着重要的作用。究其原因是：

一、创设有效的数据分析活动，使学生感受到数据的作用，形成数据意识

在案例2的教学中，教师为学生创设了三人比赛投掷飞镖的情境，引导学生感知平均数。第一环节教师先呈现小张投掷飞镖的成绩（小张投飞镖成绩设计为7、7、7），当学生思考"用哪个数表示他投掷飞镖水平比较合适？"时思维没有什么障碍。接着教师出示小李的投掷飞镖数量（5、6、10），这一环节主要解决"先合后分""移多补少"求平均数的方法。通过不断追问巧妙地把学生的思维引向深入。比如，课堂中当学生说出"7是5、6、10这三个数的平均数"后，教师追问："不过，这里的平均数7代表小李第二次投中的环数吗？"生答："不能！""能代表小李第二次、第三次投中的环数吗？""也不能！"教师又问："奇怪，这里的平均数7既不能代表小李第一次投中的环数，也不能代表他第二次、第三次投中的环数，那它究竟代表的是哪一次的环数呢？"生："这里的7代表的是小李三次投掷飞镖的平均水平。"又一生补充："是小李投掷飞镖的一般水平。"让学生对平均数的意义有了较深入的思考和认识。第三个环节设计了教师的投飞镖成绩，这一设计除了帮助学生巩固上述新知识外，重点便是帮助学生发现体验到一组数据的平均数易受这组数据中每一个数据的影响，"稍有风吹草动就能带来平均数的变化"，即敏感性。整个探究过程循序渐进，无形中的类推和猜测验证让整个过程充满了数学味，学生在经历数据分析的过程中，不断加深对平均数意义和特点的认识。

二、经历真实数据统计分析的全过程，发展学生的数据分析观念

观念的建立是人们不断地亲身经历而获得的，发展学生的数据分析观念，

应使学生不断经历数据统计分析的全过程：调查研究、收集数据、整理数据、分析数据、获取信息、做出预测和决策、进行交流、评价与改进。在本节课的教学中教师非常关注学生数据分析观念的培养，设计了系列相关的拓展运用环节，让学生在拓展运用中不断加深对数据的感悟与理解。

1. 在学生初步理解了平均数的意义、掌握平均数的求法之后，教师设计了以下几个环节，引导学生经历数据分析的整个过程，帮助学生从统计的角度认识平均数：教师首先利用课前收集整理的数据，从求全班学生的平均身高入手，既巩固先合后分的方法，又让学生发现移多补少求平均数在生活中的局限性。接着老师引发学生思考："如果教师想要知道全班学生的平均身高，你准备怎样做？"话题一抛出，充分激发学生的热情。他们从收集全班学生身高数据求平均数、选取部分有代表性的同学身高求平均数等角度阐述了自己的方法，加深对平均数的实际意义的理解，同时也深刻感悟到选取具有代表性的样本也可以估计出全体平均数的方法。在此基础上，教师还把有关平均身高的范围推广到全国不同年龄段，介绍并让学生了解求全国某个年龄段学生平均身高的方法，逐步引导学生发现统计全国每个适龄儿童的身高是不现实的，因此生活中有时可以用样本平均数去估算总体平均数。这些层层递进的问题不仅巩固了求平均数方法，同时也让学生感受求平均数时收集数据的途径与方法，从而加深对平均数的理解，学会从统计的角度去理解平均数。

2. 在解决平均身高后，教师又提出了与身高相关的问题："王叔叔报考空军飞行队，队员的平均身高是185厘米，那么，他的身高只有184厘米，他想放弃报考。"看到这则消息，你想说什么呢？这样一个令学生兴趣十足的问题，点燃了学生学习的热情，在轻松的氛围中学生利用所学到的知识分析说理，从而培养学生从数据统计分析的角度思考问题的意识，体会平均数对于数据分析与决策的价值和意义。

3. 在运用的最后环节，教师通过逐层展示我国的淡水总量、人口总量以及人均淡水占有量三组数据，在强烈反差中进一步感受光看总量不能说明问题，还要全面收集、分析数据，关注人均拥有的水资源……这样的设计不仅让学生体会到平均数的价值，还能让学生充分体会数据收集与分析的意义，增强学生分析数据的意识。

从以上的分析中不难看出，精彩的练习设计，层层深入地帮助学生建立起对平均数概念意义和统计意义的理解，同时这些巧妙的设计也让学生充分体会到数据分析在生活中的实际意义，很好地激发学生参与数据收集分析的欲望，发展数据分析的观念。

数据分析观念的培养不是一朝一夕就能达到的，它需要我们从学生感兴趣的现实问题出发，让学生亲身经历数据收集、整理、分析判断、做出决策等数据分析的全过程。在这个过程中感悟数据分析对于解决问题的妙用，增强数据分析的意识、掌握一定的数据处理方法，这样才能使"数据"成为学生发现、提出、分析、解决问题的好伙伴，才能使"数据分析"成为学生发自内心的需要。

（作者：黄达）

构建高效的数学"实践活动"课堂
——以教学"掷一掷"为例

缘　起

"综合与实践应用"是《义务教育数学课程标准（2011版）》新增的内容，也是教学实施的难点和研究的热点。本文结合人教版小学数学五年级上册实践活动课——"掷一掷"的磨课经历，谈谈如何构建高效的数学实践活动课堂。

"掷一掷"一课是在学生学完了"可能性"这一单元后，设计的一个以游戏形式探讨可能性大小的实践活动课。其教学目标是通过一系列的操作活动，使学生体验并经历猜想、实验、验证的过程，巩固组合的有关知识，探讨事件发生的可能性大小，进而提高学生的动手实践能力、数学思维能力和学习数学的兴趣。在仔细研读教材之后，我将活动方案初稿设计为：

一、激趣导入，揭示课题

从学生较为熟悉的掷骰子游戏入手，提出问题：1. 掷一颗骰子，掷出的数最小是几？最大是几？2. 同时掷两颗骰子，得到两个数的"和"可能有哪些？可能是1或13吗？从而揭示本节课的学习任务：掷一掷、玩一玩，揭开骰子中的数学奥秘。

二、实践操作，得出结论

1. 师生掷骰子比赛。

（1）将骰子数字和2～12分成两组。A组（5、6、7、8、9）；B组（2、3、4、10、11、12）。

（2）宣布比赛规则：用两粒骰子共掷20次。如果掷出的数字和是5、6、7、8、9，A组赢一次；如果掷出的数字和是2、3、4、10、11、12，B组赢一次。掷完20次后，看看哪组累计赢的次数多，哪组就获胜。

（3）师生各自选好一组，双方各派一名代表到讲台前掷骰子。老师指定一名学生在黑板上用"正"字法统计双方赢的次数。其余学生做裁判，而老师则负责在课件中统计每个和出现的次数。

2. 观察统计结果，发表意见。

观察统计结果，哪一组胜出？学生提出：我们刚才只掷了20次，如果再多掷几次，也许结果会不同。于是老师提议每个学生都来掷一次，看看是哪一组赢的可能性更大些。

3. 再次操作，初步得出结论。

（1）全体学生参与游戏，借助举手的方式，老师继续在课件的表格中统计每个和出现的次数。如：掷出的和是2的请举手，和是3的请举手，……

课件演示：

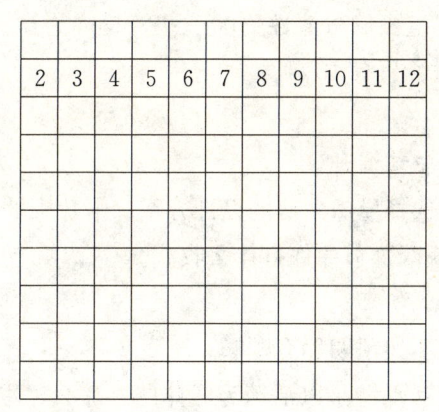

2	3	4	5	6	7	8	9	10	11	12

（2）师：把这两次实验的统计结果汇总，你们发现了什么？

小结：骰子数字和是5、6、7、8、9出现的可能性更大，而和是2、3、4、10、11、12出现的可能性较小。

三、回顾整理，合作探秘

1. 小组讨论：为什么 A 组选的数少，它获胜的可能性反而更大一些呢？

发现：获胜的可能性大小与两个数的组合方式有关。如：和是 7 的可能性有多种，有 1+6，2+5，3+4 等。而和是 2 的可能性只有 1 种，1+1。

2. 4 人小组合作完成学习单，深入研究数的组合方式。

骰子和	2	3	4	5	6	7	8	9	10	11	12
骰子点数	1+1										

3. 汇报，板书，交流：

```
                                6+1
                        5+1 5+2 6+2
                    4+1 4+2 4+3 5+3 6+3
                3+1 3+2 3+3 3+4 4+4 5+4 6+4
            2+1 2+2 2+3 2+4 2+5 3+5 4+5 5+5 6+5
        1+1 1+2 1+3 1+4 1+5 1+6 2+6 3+6 4+6 5+6 6+6
         2   3   4   5   6   7   8   9  10  11  12
```

小结：5~9 这一组赢的可能性更大一些，是因为这一组数的组合方式有 24 种，而其余数的组合只有 12 种。

四、应用生活，总结提升

1. 应用生活。（选择摸球中奖的设计方案、卡片中的奇偶性问题）
2. 总结提升。谈谈这节课你有什么收获。

【初教后反思】

第一次试教，并不如预期那么顺畅。

1. "综合与实践活动"是以活动为载体的。那么，本节课的掷骰子活动，设计是否合理而有效呢？在试教过程中，我发现，师生掷骰子比赛这个环节固然激发了学生的学习兴趣。但由于掷的次数少，比赛的结果更加不可预见，难以具备说服力。在第二次操作活动中，原本设计"由每个学生都掷一次，再借助举手的方式统计出每个和出现的次数，并在课件中逐一显示"这一环节，是为了节约教学时间。但在实际操作中，由于每次举手老师都要先口头统计，再在课件中逐格记录，老师忙到无暇顾及学生，而学生却显得无事可做。

2. 在小组探讨和是某个数的组合方式时，有不少学生对如1+2与2+1是两种不同的组合方式有意见，归根结底是学具出了问题，只使用同种颜色的骰子。同时，要想不重复不遗漏地记录出和是2～12这些数的所有组合方式，是相当不容易的，需要花较长的时间。这里，需要老师对寻找的方法做适当的指导。

发现了问题所在，我马上对设计初稿进行修改和调整。于是，第二稿又诞生了：

一、激趣导入，揭示课题

将导入部分的两个问题重新包装，设置成小光和小南进行掷骰子比赛。第一场比赛：掷一颗骰子，投得的数是1、2、3、4，算小光赢；投得的数是5、6，算小南赢。学生一看，马上就提出这个比赛不公平，因为小光拥有的个数多，获胜的可能性大。第二场比赛：同时掷两颗骰子，如果掷出的和是5、6、7、8、9，算小光赢；如果掷出的和是2、3、4、10、11、12，算小南赢。受前一场比赛规则的影响，多数学生都认为小南拥有6个数，个数多，赢的可能性大，只有少数学生有不同看法。面对学生的猜测，老师提出："我们该怎么验证自己的猜想呢？"此时，学生马上提出用"掷一掷"的方式来验证，因为实践出真知嘛。

二、实践操作，探索奥秘

1. 分组活动。

小组合作，每个组都掷16次（每人都掷两次），每掷一次，先算出和，再用"正"字法记录在学习单①中。（骰子分红、蓝两种颜色）

学习单①

分组	小光（5、6、7、8、9）；					小南（2、3、4、10、11、12）					
骰子和	2	3	4	5	6	7	8	9	10	11	12

出现次数										
比赛结果	小光赢（　　　）					小南赢（　　　）				

掷完后，统计好是小光胜还是小南胜。统计好后，再由各组的小组长负责在电脑中录入统计数据。

2. 汇总活动统计结果，观察、交流。

在小组长电脑录入结果的同时，老师引导其余学生观看大屏幕中发生的变化（随着数据的录入，条形统计图也随之而变化。）

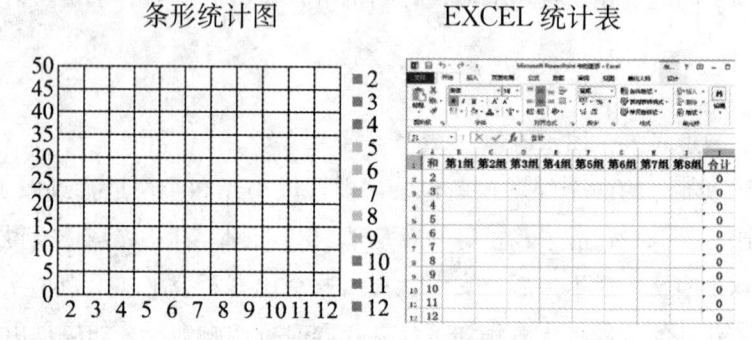

条形统计图　　　　　　EXCEL 统计表

发现：和是 5、6、7、8、9 的条形很高，说明掷出的和是 5、6、7、8、9 的次数多。这一发现与小组活动的统计结果是一致的。

三、回顾整理，反思提升

1. 小组讨论：为什么小光选的数少，他获胜的可能性反而更大一些呢？（操作同初稿）

2. 8 人小组合作完成学习单，深入研究数的组合方式。

（具体操作改为先进行不重复不遗漏记录的方法指导，再分组合作完成学习单②。1～4 组研究和是 5、6、7、8、9 的组合方式，5～8 组研究和是 2、3、4、10、11、12 的组合方式。）

骰子和	2	3	4	10	11	12
骰子1						
骰子2						

学习单（②A）

学习单（②B）

骰子和	5	6	7	8	9
骰子1					
骰子2					

3. 汇报（投影仪展示），交流。

骰子和	2	3	4	5	6	7	8	9	10	11	12
骰子1											
骰子2											

4. 小结：……

5. 介绍解决问题的新办法。

师：除了用上面这种方法，我们还可以像这样，将每个骰子的所有点数一一列出，再分别相加。这样，我们也能很清楚地看出A组：5、6、7、8、9这5个数获胜的可能性更大。

师：小南有可能获胜吗？（可能性很小，但并非不可能，一切皆有可能。）看来，咱们遇到数学问题，不能光看事物的表面，还应该具备透过现象看本质的本领！

四、应用生活，总结提升

【二稿教后反思】

第二次试教，效果明显好多了。

1. 有意思的问题情境，可以充分激发学生探索问题的需要。将导入环节的两个掷骰子问题设置为比赛情境，与后面的小组操作验证猜想环节紧密相连,前后呼应,使整个教学环节设计上更为流畅。

2. 将两次操作活动合二为一,设计为小组合作,借助掷骰子验证猜想。每人掷 2 次骰子,每个小组掷 16 次,8 个小组合计掷 128 次,用大数据来说明问题,更有说服力!

3. 将录入数据的主角设定为每组的小组长,增强了学生的主动性,也解放了老师,使老师可以腾出时间和精力引导其余学生进行观察比较。再借助多媒体技术,将原先课件设计中逐格点击显示改为用 EXCEL 表格录入,在大屏幕上,学生们不仅可以观察到数据的变化,还能领略到一旁条形统计图的变化,他们甚是惊叹,也更认真观察。

4. 为了使学生不重复不遗漏地找出和是 2~12 的所有组合方式,我在教学环节上进行了如下处理:骰子使用红、蓝两种颜色,与后面学习单②中出现的骰子 1 和骰子 2 遥相呼应,便于学生理解 1+2 与 2+1 是两种不同的组合方式;对记录方法做适当指导,学生的小组讨论顺畅了很多。而先分组探讨和是 5、6、7、8、9 与和是 2、3、4、10、11、12 的分别有几种组合方式,再将讨论结果汇总的方式,又为后头的教学环节腾出了不少时间。

5. 新增的表格列举法,拓宽了学生的解题思路。

6. 本节课的主题是以游戏的形式来研究可能性的大小,"一切皆有可能"的数学思想渗透使整个教学流程显得更为饱满、立体。

不足:

1. 由于实验规则在屏幕中只能做短暂的停留,小组掷骰子时,需要切换到数据录入界面。有些小组在活动过程中,容易遗忘活动规则。

2. 有些小组长录入速度偏慢,造成其余组长扎堆在电脑前,等候时间过长。

3. 学习单的指示功能不够明确,如:由于未标明组别,有些组长甚至忘了自己是哪一组的;在分组探讨组合方式后,由于没有合计一项,汇报时,学生就得重新统计一遍。

针对以上不足,在第三稿(成品)中,我重点对数据电脑录入对象和学习单做了如下处理。

1. 指定专任电脑录入员,避免组长扎堆排队等候。

2. 明确学习单指示功能，标明组别及合计项目，并增加活动规则说明。

学习单①

实验规则	小组合作，每人用两粒骰子掷2次。 每掷一次，先算出和，再用"正"字法记录在学习单①中。 掷完后，统计好是小光胜还是小南胜。 小光（5、6、7、8、9）；　　　小南（2、3、4、10、11、12）										
组别	1号组										
骰子和	2	3	4	5	6	7	8	9	10	11	12
出现次数											
比赛结果	小光赢（　　）		小南赢（　　）			平局（　　）				

学习单②（A）

骰子和	2	3	4	10	11	12
骰子1						
骰子2						
合计	（　　）种				5号组	

学习单②（B）

骰子和	5	6	7	8	9
骰子1					
骰子2					
合计	（　　）种			1号组	

实 践 反 思

　　一番磨课下来，虽辛苦，但却有所收获。这堂课先后在校内研讨活动及"青海省中小学种子教师培养工程培训班"上过，课后反响都很好！渐渐地，对于如何构建一节高效的实践活动课，我有了自己的认识和感悟：

一、设计有效活动为载体，关注数学思想和活动经验的感悟与积累

引导学生通过有效数学思考，积累数学活动经验，形成解决问题的能力是我们学习数学的终极目标。因此，一堂综合实践活动课上得好不好，关键是看我们能否实现这些终极目标。而实现这些终极目标的重要载体，就是设计一个适合学生学情的"综合与实践活动"作为载体。

以"掷一掷"为例。如果按原教材的编写进行教学：师生先进行掷骰子对抗赛，共掷 20 次。当出现老师总是赢的局面时，学生就会提出：掷的次数太少了。需要多掷几次才能说明问题。于是，分小组活动，两人一组，轮流掷，并将掷的结果绘制成条形统计图。在此基础上，再引导学生从图中发现规律。这样的教学设计，且不说学生现场绘制条形统计图的时间成本是多少。单就掷骰子活动来说，不同的小组极有可能出现不同的统计结果。先分组活动，再全班交流，耗时太多，且达不到较好的教学效果。基于此，我认为在本节实践活动课中，可以根据学情设计两次小组活动。

第一次是当学生迫切需要验证自己的猜想是否正确时，分组掷骰子活动也就势在必行。在小组活动中，他们分工合作，有的负责掷骰子，有的负责求和，有的负责记录。当录入员逐一将各组统计数据输入到电脑时，屏幕上条形统计图的变化深深吸引着学生的眼球，他们静静观察。此时，无声胜有声！

第二次是当学生发现骰子和是 5~9 出现的可能性大并不是偶然现象时，他们就急着找到这种现象背后暗藏的规律。此时，我提醒学生联系刚才掷骰子的活动过程先仔细想想，再和组内同学互相探讨下。很快，他们就有了想法，骰子和出现的可能性大小与两个骰子点数的组合方式有关。那么，到底有多少种组合方式呢？在小组探讨，互帮互学中，他们找到了答案。

纵观整节课，学生在两次操作活动中，经历了猜测、实践、验证、推理、交流、反思等过程。他们收获的不仅仅是"5~9 这一组数出现的可能性大，是由于这些数的组合方式有 24 种之多"这一数学知识，还体验到比较、归纳、概率统计及有序思考等多种数学思想方法，积累了丰富的数学活动经验（如：解决问题三部曲"猜想—实验—验证"；学会透过现象看本质等），并能将这些经验运用到后续的数学学习中。也唯有此，学生才能受益终身。

二、整合多媒体技术与传统学具的优势，关注教学重、难点的突破

在当今的小学数学教学中，多媒体技术总是扮演着不可或缺的角色。它可以使抽象的数学学习变得直观、有趣，充分调动学生学习数学的积极性，弥补传统教学方式在直观感、动态感等方面的不足。

以"掷一掷"为例。本节课的教学重点是：探索同时掷两个骰子，得到的点数之和是2、3、4、5、6、7、8、9、10、11、12，明确掷出哪些和的可能性大。要让学生明确掷出哪些和的可能性大，这需要大量的数据支撑。于是，我设计了分组掷骰子验证猜想这一活动。每组掷16次，8组合计128次，数据越多，就越能说明问题。那么这么多的统计数据，如何让学生真切地体验到5~9这一组数出现的可能性较大呢？这又成了摆在我面前的一道急需攻破的难关。参考了很多执教过本节课的老师的教学设计，我发现主要有以下两种处理方式：1. 老师准备一张大方格图，贴在黑板上，小组活动完，由组长上来画条形。全班学生再观察统计图，得出结论；2. 小组活动完，学生逐组汇报活动结果的同时，老师在电脑中逐一记录数据，并组织学生观察借助电脑课件生成的条形统计图，从而得出结论。很明显，第2种设计方式更节约时间。但随之而来的问题是：由于每个小组活动的速度快慢不一，等全班活动结束后，除了组长汇报统计结果，老师输入数据之外，大多数学生似乎显得无事可做。时间久了，注意力就容易分散。因此，我对第2种设计方式尝试改进，在PPT课件中引入EXCEL统计表。在小组活动过程中，只要哪个小组一完成任务，组长就可以先上来将统计数据交由电脑录入员输入，无需等待。在录入员输入统计数据的同时，学生又能同步观察到电脑课件自动生成的条形统计图的变化。这里面既节约了等待的时间，又促成了学生对即时生成的条形统计图的兴趣及观察。在大屏幕上，他们不仅看到了每一组统计数据的不同，又看到当这些数据汇总时，所呈现出的变化规律，那就是：位于中间位置的5~9这几个数的条形都比较高。就这样，凭借着多媒体课件的优势，我顺利地帮助学生直观感受到位于中间位置的5~9这一组数出现的次数多，掷出的可能性较大这一现象，从而达到了我的教学目的，解决了教学重点。

那么，为什么和是5~9出现的可能性较大呢？这里面藏着什么数学奥秘呢？为了帮助学生突破这一教学重难点。我引导学生联系刚才掷骰子的过程想一想，要掷出和是5，两个骰子可能分别是几和几？有了前面分组掷骰子的活动经验，学生自然就会联想到两个骰子可能分别是1和4，2和3等。但他们对于"1和4"与"4和1"是两种不同的组合方式却不甚理解。该怎么办呢？我尝试将小组所掷的骰子这一传统学具用两种不同的颜色区分开来。那么，骰子1和骰子2也就泾渭分明。这样，学生不仅能由掷骰子的过程联想到掷出的和与两个骰子点数的组合方式有关，还能快速找到掷出某个和的所有点数组合方式。进而推理出：5~9这一组数出现的可能性大，是由于这些数的组合方式特别多，有24种，而2、3、4、10、11、12这一组数的组合方式只有12种，所以出现的可能性较小。在这里，我们不难看到，只要我们善于整合多媒体技术与传统学具的优势，就能突破教学的重、难点所在，为构建高效的数学课堂保驾护航。

三、巧设问题情境做引领，促进学生学习主动性的提高

学生是课堂学习的主体。本节课，我尝试以学生熟悉的"掷骰子游戏"为情境，在学生思维卡壳或拓展处，设置一系列"启发性"问题情境，激发学生学习数学的兴趣，提高学生学习数学的主动性。如当学生的猜想各有不同时，我提出：该怎么验证自己的猜想是否正确呢？掷一次，能说明问题吗？在小组操作，记录数据后，我提出：安静观察条形统计图的变化，看看最后你会有什么发现。当学生观察、发现条形统计图呈现两边低、中间高的变化时，我提出：为什么只选了5个数的反而会赢？为什么中间数出现的次数会多一些？当学生已察觉骰子和出现的可能性大小与两个骰子的组合方式有关时，我又提出：怎样做到不重复不遗漏地记录呢？在学生找到5~9这组数赢的可能性更大的原因之后，我再次提出：小南有可能获胜吗？……这些问题具有较强的引导性和层次性，可以引发学生更深层次的思索。而在问题的引领下，通过师生互动，生生合作的自主性、探索性、研究性的学习，使学生的能动性和创造性得到有效发展，真正成为学习的主人。

当我们真正关注上述这些要点并付诸实施时，我们的数学"综合与实践活动"课堂就会变得灵动而高效。也唯有此，我们的学生才能在课堂中感受到数学的价值，体验到学习数学、应用数学的乐趣。

（作者：林晶）

数学课堂教学要为学生铺"路"搭"桥"

《义务教育数学课程标准（2011年）》指出：数学教学是数学活动的过程，学生的数学学习活动，应该是一个生动活泼的、主动的和富有个性的过程。因此，教学是要着眼于学生的终身可持续发展，不仅要让学生"学会"，更重要的是要让学生"会学"。为此教师不应只是考虑自己的课"上"得有多精彩，而应更多地去考虑如何给学生铺"路"搭"桥"，帮助学生掌握开启知识宝库的"金钥匙"和"点石成金"的技能，让他们"学"得更加的精彩。

缘　起

很多教师在教学研讨活动中喜欢把三年级的"集合"这节课作为研讨的对象，在一次"集合"的教学观摩活动后，点评者问执教教师："您在引出韦恩图的教学中借助呼啦圈是想要为学生的学习做什么？"执教者："想要为学生铺一条路。"点评者又问："您认为您铺的路是适合所有的学生吗？所有的学生都沿着这条路走？"在听课与议课的过程中，笔者明显地感受到在数学课堂教学中怎样给学生铺路，折射到课堂教学中就会给学生带来不同的学习效果。

案例一：教师分三个层次让学生体验，逐步建构集合意义。先通过让学生分类站，理解"只""既……又……"的意义。在学生不断地表述和教师的提问中，引起学生的争论，让学生感受到分类站的局限性，从而引入第二层次体验：通过套圈，感知集合图的产生过程，学生自主形成集合圈，在成功的喜悦中感受到数学的魅力后，引导学生将名片贴进韦恩图，具体感受集合圈各部分的意义。之后再深入观察韦恩图，探究算法。其教学流程如下：

一、创设情境，激发兴趣

1. 提出问题：有2个妈妈和2个女儿一起去看电影，每个人都买了1张票，买了3张票，是怎么回事？

2. 教师引导学生突出"重复""重叠"；能用"既……又……"说出其中关于重复现象的问题。

二、引出集合图，明确意义

1. 提出问题：学校定于下周五进行趣味运动会，请三年级各班选拔8名同学参加踢毽子比赛，9名同学参加跳绳比赛。你认为三（1）班要选拔多少名同学参加这两项比赛。

2. 出示名单，让学生分类站，引导学生观察验证：发现有3人既喜欢跑步又喜欢跳绳，所以重复了，要把3人减去，17－3＝14（人）。

3. 借助"呼啦圈"产生韦恩图。

（1）分别请喜欢跑步和跳绳的学生站在两个分别代表喜欢跑步和喜欢跳绳的呼啦圈里，在活动中发现有3个既喜欢跑步又喜欢跳绳的人得站在呼啦圈的交叉结合处。

（2）把呼啦圈变小搬到黑板上，怎么让学生站到黑板上呢？由此引导学生把名片贴进两个分别代表喜欢跑步和喜欢跳绳的小呼啦圈里。

（3）引导学生简化成韦恩图，理解各部分表示的意义。

三、观察韦恩图，探究算法

教师充分利用韦恩图，引导学生探究各种不同算法，在此基础上优化算法。

四、拓展思维，应用新知
……

案例二：教师在课前交流中让学生初步感知把同类的一些物体看作一个整体就构成了一个集合。课堂上出示情境，提出问题后，通过"任务驱动、交流点拨"的方式，让学生独立思考，借助图、表或者其他方式重新设计报名表，在此基础上小组交流、全班交流，最后老师引导学生在修改作品的基础上顺势介绍韦恩及韦恩图。

一、课前谈话，初步感知集合

师：同学们，我们经常会把同类的一些事物看成一个整体，这样就构成了一个集合（PPT演示）。回忆一下，我们在学习数数时，把9个苹果看成一个整体，可以像这样把它们用一个圈圈起来。这就组成了一个集合。

二、情境导思，探究问题

1. 出示情境：冬天来了，跳绳、踢毽子比赛马上就要开始，通知每个班级选9名同学参加跳绳比赛，8名同学参加踢毽子比赛。

2. 出示本班学生的报名表，观察报名表，了解数学信息并提出问题，探究问题。

跳绳	踢毽子
赵耀怡	安玉
田坤	周小
王夏	吕松
智博	朱展
吕松	耿智
陶丽杰	王瑶天
安玉	魏伟
谢忠良	卢丽静
魏伟	

3. 请参加比赛的同学站起来，发现总人数不对，从而引导学生用"既……又……"说出其中关于重复现象的问题。

三、任务驱动、交流点拨

1. 任务驱动：学生独立思考，借助图、表或其他方式重新设计报名表。要求如下：

（1）可以清楚地看出参加每项比赛的有多少人；

（2）可以清楚地看出谁同时参加了两项比赛；

（3）可以清楚地看出一共有多少人参加了此次比赛。

小组内相互介绍自己的作品，根据同伴的意见修改完善。

2. 交流不同思想，比较各自的优缺点。

展示一：

跳绳：赵耀怡　田坤　王夏　智博　吕松　陶丽杰　安玉　谢忠良　魏伟

踢毽子：安玉　周小　吕松　朱展　耿智　王瑶天　魏伟　卢丽静

展示二：

跳绳：

　　　　　　赵耀怡　田坤　王夏　智博　陶丽杰　谢忠良

安玉　吕松　魏伟

　　　　　周小　朱展　耿智　王瑶天　卢丽静

踢毽子：

展示三：

跳绳　　　　　　既参加跳绳又参加踢毽子　　踢毽子

赵耀怡　田坤　王夏　智博　陶丽杰　谢忠良	安玉　吕松　魏伟	周小　朱展　耿智　王瑶天　卢丽静

3. 教师借助展示三引导学生交流，提出修改意见，逐步完成韦恩图的绘制，然后教师顺势介绍韦恩和韦恩图。

四、观察韦恩图，探究算法

教师充分利用韦恩图，引导学生探究各种不同算法，在此基础上优化算法。

五、拓展思维，应用新知
......

实 践 思 考

在数学课堂教学中，教师总是想方设法为学生的学习铺"路"搭"桥"。正如案例一中教师借助大呼啦圈，让参加不同比赛项目的学生分别站在两个不同颜色的呼啦圈中，在活动中发现有 3 个既喜欢跑步又喜欢跳绳的人得站在呼啦圈的交叉结合处；接着把呼啦圈搬到黑板上，由此出现集合图的雏形；最后抽象出韦恩图。这里老师一开始就为所有学生铺了一条直通韦恩图的大路，引导学生一步步地走近韦恩图。而案例二中教师则让学生根据要求独立思考，借助图、表或其他方式重新设计报名表。在这里，教师为不同层次的学生铺设了不同的路，不同层次的学生可以根据自己的想法用不同的方式重新设计报名表，学生的学习更是精彩。所以在数学课堂教学中如何为学生铺"路"搭"桥"对学生的学习效果有着重要的影响。那么，如何为学生巧搭学习之路，点燃智慧呢？我在实践后进行如下策略思考。

一、为学生巧铺自主探究之路

探究学习是一种积极的学习过程，主要指学生在教师的指导下，以主体的姿势带着探究的精神自主地参与学习的过程，以尝试发现、实践体验、独立探究、合作讨论等形式探索知识，发展思维能力和学习能力。

例如我校的张燕婷老师在教学三年级上册"正方形和长方形的认识"中认识长方形的特征时，为了给学生铺一条自主探究之路，根据教材的特点及学生的认知规律，进行了如下设计：

1. 猜图导入，揭示课题。

（1）逐步出现六边形、五边形、四边形、平行四边形、梯形；之后连续出现三个不同形状的长方形。

（2）观察思考：为什么最后的三个图形都是长方形？

（3）揭示课题。

2. 自主探索，发现特征。

（1）观察比较：长方形与之前的四边形有什么不同？

（2）猜一猜：长方形有什么特征？

（3）想一想：用什么办法来验证我们的猜想。

（4）请学生小组合作验证之前的猜想。（每个学习小组每人一把直尺或三角尺、长方形、正方形纸片各一张，为人人动手提供了可能。）

（5）分享交流。

在数学课堂教学中若能像张老师这样大胆放手，巧铺自主探索之路，以"探究活动"贯穿整节课，让学生在活动中体验，在体验中领悟，那么学生的学习才能水到渠成。当然，要让学生动起来，课堂活起来，教师还要为学生活动提供充足的材料，调动学生的全员参与和全身心的投入，学生才能在活动中发现、活动中思考、活动中体验、活动中发展。这样课堂才有生机，充满活力。

二、为学生巧铺辩论交流之路

古希腊大哲学家苏格拉底教学生从不给他们现成的答案，而是用辩论的方法使学生在不知不觉中接受他的思想影响。没有争辩，就无法"别同异""辨是非"。伴随着新课改的实施，学生已成为教与学的主角，课堂上出现了更多的师生互动、平等参与的局面，在数学课堂教学中为学生巧铺辩论交流之路，让学生在学习过程中不仅把自己的思路与别人共享，而且拥有了评价和讨论他人观点的机会，才会对数学的本质有更深刻的认识。

例如"长方形和正方形的认识"教学中，在认识了长方形的特征之后，让学生辨一辨下面这些图形，谁能住进长方形的家？

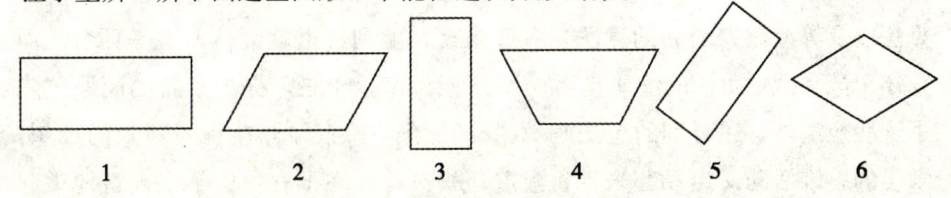

学生很容易就判断出 1、3、5 号图形能住进长方形的家,并说明了可以这些图形住进的理由以及其他图形不能住进长方形家的理由。

最后,张老师出示一个正方形,问:"它能住进去吗?"

有的学生喊:"不能!"

有的学生喊:"能!"

双方各不相让。

这时,张老师说:"数学是要讲道理的!双方各派代表来进行辩论。在辩论过程,双方成员有补充的可以随时举手发言补充。"

在整个辩论的过程中,张老师并没有多话,仅仅是点头、微笑、点拨,为学生铺设了安全的辩论交流之路,学生对辩论投入了极大的热情,积极参与到辩论活动中去。激烈紧张的辩论强化了意见的分歧,围绕着讨论的问题,学生的思维呈发散型,从不同侧面、不同角度做出思考,各抒己见,探新求异,不时出现出乎意料的想法,其中不乏精彩的发言,最后达成了共识。数学课堂确实成为焕发学生生命活力的殿堂。

三、为学生巧铺自我表现之路

学生解决问题的过程就是学生自己整理思路,锻炼自己的思维能力的过程。老师在课堂上不要满足于学生会做就行,会表达更能促进学生良好思维品质的形成,思维能力的提高。因此,教师要给学生巧铺自我表现之路,多让学生去表达自己的想法,将会出现意想不到的精彩。

例如:我在教学六年级下册"数学思考"时,在引导学生发现了要求 n 个点所能连成的线段的总数可以用 $1+2+3+4\cdots\cdots+(n-1)$ 的算式来计算之后,我说:"现在老师还有一个疑问想请教你们:刚才很多同学在计算 10 个点、20 个点连成的线段时,那么多个连续自然数相加,你们用的是什么好方法那么快就算出了答案?以 10 个点为例说说。"很快学生想出了高斯算法以及等差数列的和的算法。一般来说,上到这里就会转入下一环节。而我还想试一试学生们的潜能是否已经开掘出来,于是,提出了新的问题"除了这些想法外,还有别的想法吗?"我的提问,唤起了学生探索新知的欲望,学生的思维活动又启动起来,积蕴着,积蕴着,终于有一位学生兴奋地举起了手，我和学生都在静静地听着他的新办法：五年级在推导三角形面积公式的时候，我们用两个相同的三角形拼成一个平行四边形，其中一个三角形的面积是拼成的平行四边形的面积的一半。让我联想到计算这道题是可以这样：

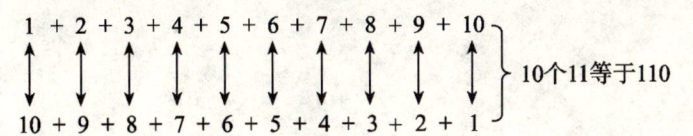

$$\left.\begin{array}{c}1+2+3+4+5+6+7+8+9+10\\ \updownarrow\;\updownarrow\;\updownarrow\;\updownarrow\;\updownarrow\;\updownarrow\;\updownarrow\;\updownarrow\;\updownarrow\;\updownarrow\\ 10+9+8+7+6+5+4+3+2+1\end{array}\right\}10个11等于110$$

那么1+2+3+4+5+6+7+8+9+10的和是它的一半，也就是55。这位同学的创造性思维，令大家都兴奋不已，课堂中的思维活动，真让人感到是一种旋转翻腾的多姿多彩的"体操"运动。在数学课堂教学中为学生巧铺自我表现之路，那么学生的思维在教师的启发引导下，在创造性的活动中得以拓展、发散，智力潜能被有效地开掘出来，精彩自然绽放。

四、为学生巧铺观察发现之路

小学生好奇心强，对事物敏感，尤其是直观、具体的事物，生动、活泼的目标，形式新颖、色彩鲜明的对象，最容易引起他们的注意。针对这些特点，教师在教学过程中要为学生巧铺观察之路，让学生去观察、去发现，从而抓住每个学习机会。

例如我在教学"梯形的认识"中，首先，出示梯形和长方形教具，并留给学生充分观察的空间，引导学生对梯形和长方形进行比较观察，找一找两者的异同。让学生自主观察发现长方形和梯形都是由四条边组成，长方形两组对边分别平行且相等，梯形只有一组对边平行；接着展示由正方形、长方形、三角形、梯形等图形组成的图片，让学生找一找梯形，并动手画一画、涂一涂，从而加深对梯形的认识，寻找出梯形的特征；最后，让学生通过剪一剪、看一看，思考梯形可由什么样的图形拼组而成。学生通过观察思考，发现两个三角形可拼成一个梯形，两个三角形和一个长方形可拼成一个梯形，一个三角形和一个长方形拼成一个梯形。这样，学生在独立观察的过程中，不断地思考、比较、抽象，对梯形的特征的认识也不断地深化。

在课堂教学中，只要我们教师善于发掘、善于从学生的角度出发，为学生巧铺自主探索之路、巧铺辩论交流之路、巧铺自我表现之路、巧铺观察发现之路，让学生得到主动发展，那么将点亮学生的智慧，学生的学习活动将更加的精彩！

（作者：倪琛）

以评促教　构建有效课堂

缘　起

我们常说："课堂教学是素质教育的主渠道。"这句话明确地点出了课堂教学的重要意义，它不仅是教师传授的途径，引导的依托，还是学生理解、学习、训练、内化的重要途径和广阔空间，可以说，培养学生的学习能力离不开课堂教学。正因为如此，课堂教学也被人誉为一把"利剑"，可以劈开思维的混沌，点燃智慧的火花，舞出绚丽的剑花，带领学生走向成功。课堂教学固然重要，有效的评价也不可或缺，由于其具有鲜明的导向作用，既改进教师的"教"，又促进学生的"学"，既关注学习的结果，又关注学习的过程，既发掘学生的优势，又发现学生的不足，所以评价被称为另一把"利剑"。很难想象，脱离了评价的课堂教学会是多么的单薄，而脱离了课堂的教学评价是多么苍白，教师应该将二者进行融合，才能达到"双剑合璧"的境界。出于这样的思考，我们在平时的教研活动中始终把教学评价和课堂教学相互结合，在研课磨课的过程中，能及时通过课后的检测检验课堂教学效果，发现课堂教学中存在的不足并及时根据检测中发现的问题调整教学方案，同课异构，取得很好的效果。下面我以人教版五年级"植树问题"一课的研讨经历来向读者展示"以评促教"的磨课过程和方法。

实 践

在平时的教学中,我们发现课堂上我们十分重视学生探究和建模能力的培养,但在课后检测时发现学生课堂上所经历的探究很多时候是被老师牵着鼻子走的伪探究,学生观察、比较自主建模的能力还是有所欠缺。而"植树问题"这一教材内容中适合渗透的数学思想方法很多,特别适合渗透建模思想,培养学生建模能力。循着这一思路,我们设计了如下能体现数学思想渗透、建模能力培养的教学案例,并在五年级的学生中进行实践教学。

教学案例一

一、问题情境,引发思考

师:现在准备在一条全长 240 米的小路一边植树,每隔 4 米栽一棵,可以怎么种?

生:两端都种、只种一端和两端都不种。

师:在全长 240 米的小路一边植树,每隔 4 米种一棵树(两端都要种),你认为需要准备几棵树?

二、探究规律,验证猜想

师:你们的答案都只是猜想,有什么方法可以验证?

生:画图。

师:如果每隔 4 米种一棵,一直种到 240 米,你有什么感受?

生:这样画下去很烦,费时间。

师:那怎么办?

生:用些简单的数据,先画 20 米或 40 米试试看。

三、填表找规律

师:老师这里有一张表格,请你们画一画、填一填,看看能不能通过简单的例子找到棵树和段数之间的规律，来解决240米能种树多少棵的问题。

总长（米）	棵距（米）	画　图	棵数（棵）	段数
	4米			

生：举简单的数据画图、填表、汇报规律。

师引导总结：两端都栽时，比较段数与棵数，你得出什么规律？

生：棵数比段数多1。

师：那你能用一个式子表示段数与棵数之间的关系吗？

生：棵数＝段数＋1。

四、尝试应用

师：现在你们能解决240米长的路上的植树问题了吗？

学生列式。

五、课堂总结，渗透思想

师：回顾我们刚才在240米的路上植树的问题，首先觉得这个问题比较（复杂），为了解决这么复杂的问题，我们又是怎样做的？（从简单的例子入手，通过画图、找到规律，再用规律来解决复杂的问题。）

六、拓展提高

……

第一轮的案例研究课得到大部分听课老师的好评，他们认为朱顺进老师在设计中巧妙地渗透了数形结合、化繁为简的思想帮助学生建立数学模型，这样的课堂对于培养学生的建模能力是很有帮助的。但课题研究组的几个老师，在观课后，总有一种意犹未尽的感觉，总觉得课堂中似乎少了些什么。到底我们在课堂中渗透的思想方法能否深入学生的内心，我们的教学对于学生解决问题的能力的提高有多大的作用呢？为此我们专门设计了一些能体现学生运用模型思想解决问题能力的创新试题对学生进行了测试，由此引发了我们对"数学模型思想"在课堂教学中渗透的思考。

课后检测情况

1. 测试的问题。

(1) 观察下列算式,想一想有什么规律,横线上应该填什么。

1+2+1=(1+1)+2=___

1+2+3+2+1=(1+2)+(2+1)+3=___

1+2+3+4+3+2+1=(1+3)+(2+2)+(3+1)+4=___

1+2+3+4+5+4+3+2+1=_____=___

利用上面的规律,请你写出下面各题的得数:

1+2+3+……+9+10+9+……+3+2+1=___

1+2+3+……+19+20+19+……+3+2+1=___

1+2+3+……+29+30+29+……+3+2+1=___

(2) ●●   ●●●   ●●●●   ●●●●●   ……
    ●●●   ●●●●   ●●●●●
       ●●●●   ●●●●●
          ●●●●●

① 根据上面的圆片层数与总个数之间的关系,填写下表:

层数	1	2	3	4	5	6
圆片总数	1×2=2	2×3=6	3×( )=( )	( )×( )=( )	( )×( )=( )	( )×( )=( )

② 按照这样的规律放圆片,如果摆10层,一共需要(　　)个圆片;如果用了240个圆片,那就刚好摆了(　　)层。

(3) 观察下面这张数表:

1	**2**	3	4	5	**6**	7
8	**9**	**10**	11	**12**	**13**	**14**
15	**16**	17	18	19	**20**	21

```
22    23   [24]   25    26    27    28
29   [30   31    32]   33    34    35
          [  ]
```

... ...

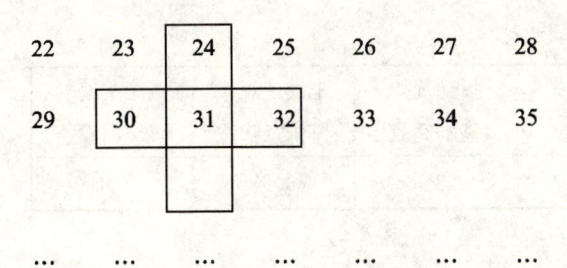

① 请你算出每个 ✚ 中五个数的和，它们分别是_____、_____和_____。

② 每组中被框起来的五个数的和与 ✚ 中心的那个数有什么关系？
（可以写一句话，或用含文字的算式表达）

_____

③ 如果还有一个 ✚ 中圈出来的五个数的和是 240，请你根据上面的关系，把这五个数按从大到小的顺序写出来。

_____ > _____ > _____ > _____ > _____

2. 测试的对象。

测试的对象选择了小学五年级一个班的学生（执教老师同时教两个班，我们任意选择其中一个班，在按照"植树问题"第一轮教学设计实施教学后进行测试，而另外一个班则留在"植树问题"第二轮教学设计实施教学后进行测试）。人数共 50 人。

3. 测试的过程。

按照案例一设计方案实施教学后，我们在没有给学生任何解题提示，学生均在独立解答的自然情景下进行测试。测试后，我们对学生的试卷进行批改，并对解题情况进行初步统计和整理。

4. 测试结果分析。

(1) 第 (1) 题正确率不高，但失分情况却呈现多样化。

对学生的试卷进行批改和统计后，我们发现：四年级学生能找到规律，正确解答第 (1) 大题只占 23%；从解题过程上看，有 60% 的学生，因为未完全发现数与式中的规律，所以对了半题，错了半题，其中模仿意味很浓；只有 6% 的学生，根本不知从何入手，交白卷。

学生第（1）题，解题情况表

解题情况	找到规律顺利完成	找到规律基本完成	未发现规律模仿意味浓	无头绪交白卷
所占比例	22%	12%	60%	6%

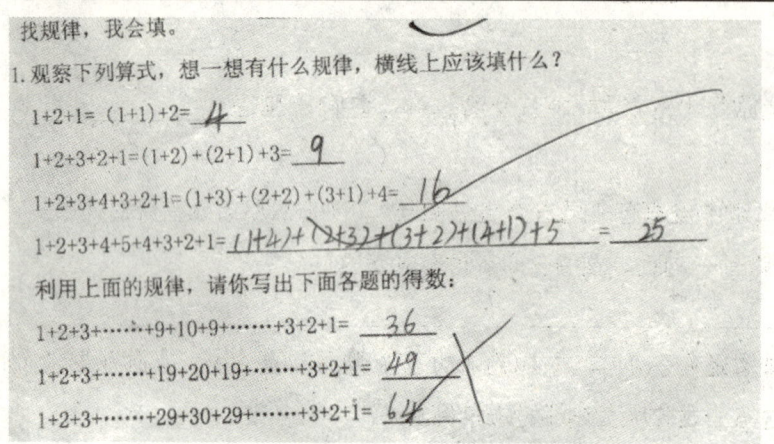

找规律，我会填。

1．观察下列算式，想一想有什么规律，横线上应该填什么？

1+2+1=（1+1）+2= 4
1+2+3+2+1=（1+2）+（2+1）+3= 9
1+2+3+4+3+2+1=（1+3）+（2+2）+（3+1）+4= 16
1+2+3+4+5+4+3+2+1= (1+4)+(2+3)+(3+2)+(4+1)+5 = 25

利用上面的规律，请你写出下面各题的得数：

1+2+3+……+9+10+9+……+3+2+1= 36
1+2+3+……+19+20+19+……+3+2+1= 49
1+2+3+……+29+30+29+……+3+2+1= 64

从试卷分析中我们看到第（1）题的前半部分学生仅仅靠机械模仿和计算就能完成，因此学生完成情况较好。而后半部分要应用发现的规律写出各题得数，学生完成的相对较差，从此则完全暴露了部分学生还没有真正探索发现数量之间存在的内在关系，学生还处于机械模仿的状态还未真正建构起数量之间的模型关系。

（2）每个数字的含义懂吗？探索规律还是依葫芦画瓢？

学生第（2）题，解题情况表

解题情况	理解到位顺利完成	最后两空失分	无头绪交白卷
所占比例	30%	64%	6%

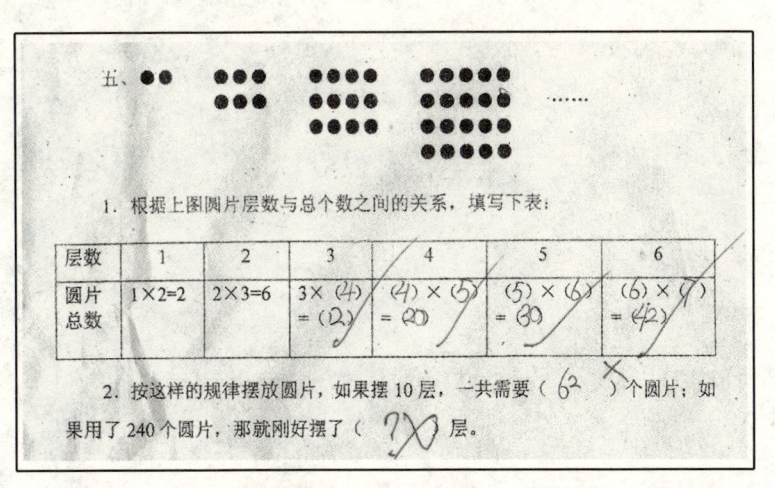

五、
●● ●●● ●●●● ●●●●● ●●●●●● ……
    ●●● ●●●● ●●●●● ●●●●●●
         ●●●● ●●●●● ●●●●●●
               ●●●●● ●●●●●●

1. 根据上图圆片层数与总个数之间的关系，填写下表：

层数	1	2	3	4	5	6
圆片总数	1×2=2	2×3=6	3×(4)=(12)	(4)×(5)=20	(5)×(6)=30	(6)×(7)=(42)

2. 按这样的规律摆放圆片，如果摆10层，一共需要（62）个圆片；如果用了240个圆片，那就刚好摆了（70）层。

第（2）题中前面有算式样例示范，95％的学生完成第（1）题，可是最后一空失分的学生比重高达64％。试卷批改结束后，我们对学生展开了一次"访谈"，意在更深入地了解学生解题时的想法和错误的原因。当问表格中的数据你是根据什么填写时，学生们想法归纳如下：将算式与图形对应观察，他们发现算式的积是圆片的个数，而且算式都是1×2、2×3、3×（ ）两个连续自然数相乘，而对于表格中的每个数字的含义是什么？他们没想太多。可见，我们的学生探索得到的只是算式表面规律，并不具有从算式中抽取数学模型的想法和能力。

学生第（3）题，解题情况表

解题情况	理解到位 灵活应用	能概括规律的	无头绪 交白卷
所占比例	24％	70％	6％

从上表中可以看出，第（3）题：╬中的五个数的和与中间数的数量关系，大部分学生借助题目中所给的数据虽然已经能模糊地感觉到五个数的和是中间数的5倍，却只会用文字形式来表述（表述还不够准确），并不能将具体情景中所发现的规律利用符号抽象成数学的模型，并进行应用，因而第（3）题完成的情况就相对较差。

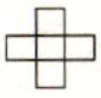

六、观察下面这张数表：

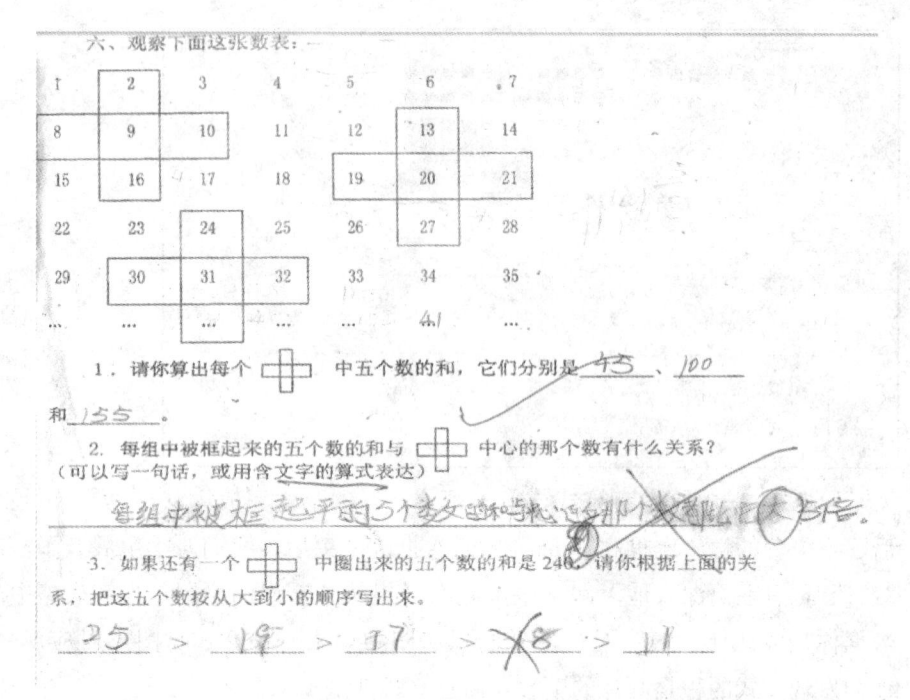

1	2	3	4	5	6	7
8	9	10	11	12	13	14
15	16	17	18	19	20	21
22	23	24	25	26	27	28
29	30	31	32	33	34	35

1. 请你算出每个 ✚ 中五个数的和，它们分别是 45、100 和 155。

2. 每组中被框起来的五个数的和与 ✚ 中心的那个数有什么关系？（可以写一句话，或用含文字的算式表达）

每组中被框起来的5个数的和与中心的那个数的5倍。

3. 如果还有一个 ✚ 中圈出来的五个数的和是240，请你根据上面的关系，把这五个数按从大到小的顺序写出来。

25 > 19 > 17 > 8 > 11

案例反思：通过测试和研讨我们发现，课堂中我们虽然有意识地在为学生渗透建模的思想，但学生们实际的建模能力还是不容乐观，我们在观察中发现学生在数学建模的能力形成上面临两大难关：1. 通过观察实际情景，从中发现问题，探索出事物内在规律的能力。2. 通过抽象，将生活中的简单现象利用数学符号表达成模型关系式的能力。围绕如何突破这两个难点，如何在教学中渗透数学模型思想，我们课题组开展了第二轮的尝试性探索研究。

案例二

一、问题情境，引发思考

师：现在准备在一条全长240米的小路一边植树，每隔4米栽一棵，可以怎么种？

生：两端都种、只种一端和两端都不种。

师：在全长240米的小路一边植树，每隔4米种一棵树（两端都要种），你认为需要准备几棵树？

二、探究规律，验证猜想

师：你们的答案都只是猜想，有什么方法可以验证？

生：画图。

师：如果每隔 4 米种一棵，一直种到 240 米，你有什么感受？

生：这样画下去很烦，费时间。

师：那怎么办？

生：举些简单的数据，画图找找规律。

三、填表找规律

活动要求：讨论、画图、观察、思考、总结规律。

师：你们准备举哪些数据？

生：12 米、16 米、40 米。

师：12 米、16 米、40 米分别可以种多少棵？这里的棵数能用算式表示吗？怎么列式？

生：12÷4+1=4、16÷4+1=5、40÷4+1=11。

师：认真观察算式，你有什么发现？

生：都是把总长除以 4 再加 1。

师：12÷4、16÷4、40÷4，这些算式求的是什么？

生：12 米，每隔 4 米种一棵，可以分几个 4 米。

师：也就是可以分成几段 4 米。看来，大家在求棵数前，都先求了段数。明明题目让我们求棵数，为什么你们都先求段数呢？看来棵树与段数之间是有关系的？那到底它们之间有怎么样的关系呢？我们一起来研究研究。

师：你们觉得可以怎样研究？

生：举几个简单一些的例子，画图数数段数，再数数棵树，就能发现规律了。

师：那我们就列个表，找找规律吧！那你们觉得在这个表格中要讨论哪些问题？

生：路的长度、怎么种、段数、棵数……

师出示植树问题（两端都种）规律探究表。

总长（米）	棵距（米）	画　图	棵数（棵）	段数

生：列表、画图、找规律。

生：棵树比段数多1。

师：为什么棵数会比段数多1了？

……

四、反思过程，提炼方法

师：大家能通过自己的努力把一道新的问题解决，那在学习的时候都经历了哪些过程？

小结：当我们遇到一个难题时，可以从简单的例子入手，来发现规律，回头再来解决。我们可以根据已有知识先对问题进行猜想，然后来验证，验证的过程中，可以用到画图列表的方法，这些都是我们学习数学的好方法和好策略。

五、体会并初步运用思想方法解决问题

师：那大家能用刚才所学的这些方法，来画一画，找一找植树问题其他两种情况种的规律吗？

师：请看活动要求。

A. 分组研究。

B. 画一画，找一找其中的规律。

C. 用发现的规律解决下面的问题。

"在全长240米的小路一边植树，每隔4米栽一棵（一端要种）/（两端都不种）。一共需要多少棵树苗？

六、联系生活，解决问题

师：在我们的生活中存在着很多类似植树现象，你发现了吗？

生：路灯、行道树……

师：老师带来了些图片，一起看吧！

（师演示，图片链接相关题目）（题目略）

师：这节课你学到了什么？回顾你们是怎样解决植树中的问题的。上了这节课对你今后的学习有什么帮助？

七、课后延伸，自觉运用思想方法

出示在圆形的溜冰场一周植树的问题，让学生自己运用所学的思想方法解决问题。

案例反思：

在第一轮教学中，我们设计的意图是希望学生经历"现实题材——探究规律——建立数学模型——拓展应用"的过程，但回头反思我们的教学，不难看出，我们的"经历"实际只能称为"经过"，化繁为简、数形结合的方法是老师提示的，图表是老师提供的，学生们只是在老师的"牵引"下，"伪经过"了一次所谓发现"段数＋1＝棵数"的过程，在这个过程中学生没有建构，只有机械的模仿。在整个建模过程中学生没有思维的碰撞、没有经验的反思，更谈不上活动经验的积累，这样的"伪探索"学生的建模能力怎么能够得以提高呢？而案例二的教学与案例一相比有以下几个特点。

1. 大胆猜想，促进思考。

与第一轮的教学设计相比较，这次设计中最突出的变化是从"牵着走，要我怎么做"变为"自主学，我要这么做"。老师先设置了"在240米的路一边种树（两端都要种），需要几棵树？"这样一个大数据的问题，鼓励学生大胆猜想。猜测易，验证难。画图显然只能限于小数据，由于路太长，无法使用。老师把学生逼到矛盾的尖端，在无计可施的情况下自然地引导学生找到解决问题的策略"化繁为简"——"用些简单的数，先画20米或40米试试看"。就在一逼一引的过程中，学生经历并感悟了"化繁为简"的思想方法，为数学建模奠定了基础。

2. 真探究与"伪探究"。

"填表找规律"是很多老师在"植树问题"一课中采用的方法，意在让学生通过表格，找寻棵树与段数之间的规律。可表格中要放那些内容？老师定，学生只要照要求做就行，学生心中难免犯嘀咕：为什么要求段数？我要的是棵树呀？老师看似合理的安排，其实给学生的自主探索加上无形的枷锁，探索变成既定计划的走过程，探究变成"伪探究"。这样的探索活动怎么能让学生有所体悟。因此在我们的测试中就反映出学生的简单模仿，缺乏深度的思考与探索。在第二轮的教学中，教师就大胆放手让学生自己去探索、去感悟、去寻找解决问题的突破口——为什么求棵树必须先看段数，这样的引导给学生自主的空间，为今后学生在解决实际问题时，如何学会思考积累了经验。

3. "回头看"与"炼真金"。

通过探索一种情况下的数量关系和规律，让学生经历探索规律的一般方法：化难为易、数形结合、观察归纳……接着让学生"回头看"，总结探索的一般方法，看似简单的回头看，实际却是把"经历"提升为"经验"的经典之处，有了"回头看"学生在反思中学会了思考，积累了思维的经验。有了经验之后教师又让学生用所学的方法试着去探索另外两种情况下植树的规律，在应用中提高了建模的能力。从"形"中学习知识，适时适当地逐步归纳上升，在掌握数量关系后，再迁移出"数"后面"型"的模型。"形→数→型"的教学模式，为学生的数学建模和解决问题能力的提高打下了坚实的基础。

对比测试、检验成效：

课后我们马上对朱顺进老师所执教的班级实施了测试。以下是三道题测试的统计情况。

学生第（1）题，解题情况表

解题情况	找到规律顺利完成	找到规律基本完成	未发现规律模仿意味浓	无头绪交白卷
所占比例	50%	24%	20%	6%

学生第（2）题，解题情况表

解题情况	理解到位顺利完成	最后两空失分	无头绪交白卷
所占比例	48%	46%	6%

学生第（3）题，解题情况表

解题情况	理解到位灵活应用	能概括规律的	无头绪交白卷
所占比例	40%	54%	6%

数据背后的思考

从测试结果的对比中可以看出，学生感悟和运用模型思想解决问题的能力有所提高，他们不再是简单的模仿，而是能充分地进行大胆的猜想、小心的验证，并通过画图等策略帮助自己发现并总结规律，能真正地建立起数量之间的模型关系，解决问题的能力有了明显的提高。造成测试结果不同的主要原因在于教学设计中的对细节的处理，这些细节为学生的建模指明了方向与思路。同样是借助表格探索规律，案例一中的表格内容是教师提供的，学生不需思考，只要按照表格的提示列举数据、画图、观察棵数与段数的关系就能得到结论，表面看起来很像给了学生探索的时间和空间，实际上学生的探索过程只是一个按指令操作的过程，思维含量少，学生建模能力的培养更是无从谈起。而案例二中，教师通过让学生用算式表示出路长为小数据时，植树的棵数，并引导学生说出算式中每一步所表示的意思，引导学生观察发现，求植树的棵数前，我们都先求了段数，看来棵数是和段数有关，要研究棵数问题，可能要先从段数着手，观察比较段数与棵数的关系……这样的细节引导，让学生感受到探索建立一个模型，要找准探索的方向，要学会找到相关的数量，才能发现相关数量之间的关系。此外，在学生探索出直线上植树两端都种的情况下，解决问题的方法后，教师引导学生用刚才所采用的化繁为简、数形结合、建构模型的方式，自己探索只种一端和两端都不植时解决问题的方法，学生在探索中能自觉运用这些思想方法解决问题，真正达到了从感悟向运用的提升，实现了数学思想方法渗透的最高境界。在课的拓展运用环节，教师更是开放地设计了在圆形溜冰场一周植树的实际问题。学生们的表现让所有的听课老师喝彩，他们有的直接画个圆，在圆上任意地点上几个点当作植的树的棵数，再通过比较植的树的棵数和段数的关系找出封闭曲线上植树的规律，顺利解决问题有的学生则建议沿着一个点把圆形剪开、拉直，就把圆形上植树问题转化为直线上植树只种一端的情况。这样的设计不仅为学生灵活运用数学思想方法解决问题，提供了精彩的平台，更让学生学会探究和建模提供了策略与方法上的支撑。因此，在课后的测试中，该班学生解决问题的能力就比前一个班的学生强。

  从两个教学案例和两次测试中，我们不难发现学生建模能力的培养与提高是非常重要的，是一个长期、循序渐进的过程，我们在平时教学中要注重挖掘每一节常态课下所蕴涵的建模思想，及时地加以渗透，关注细节，引导方向、找准突破口和联系点，给足学生探索的时间和空间，只有这样学生的探索和建模能力才能得到提高。

（作者：林碧珍）

"学习共同体",创造数学课堂新风景

缘 起

初次接触"学习共同体",是2014年初林莘校长为大家展示的四年级作文课"笑",我被学生在课堂上的自主与出色表现震撼了,不禁疑惑:这个班的学生都是陆陆续续从各个学校转学来的,水平参差不齐,谈不上天赋优异,怎么能在课堂上表现得那么好?林莘校长说,本来这些学生的素质跟之前一附小的学生没法比,但经历了"学习共同体",目前他们的表现完全超过她教过的任何一届学生。她告诉我们:学习共同体真的很划算呀!我现在教得无比轻松!我还是满腹狐疑,怎么可能?真有那么好?课赶得完吗?这是真实课还是表演课?那时的我,不仅对"学习共同体"没有兴趣,心里还想:不就是"合作学习"换种说法吗?又一股作秀风吹起来了!课堂不以提高学生成绩为目的,怎么改都没什么意义。

然而,期末很快到了,林莘校长任教的四年二班学生的语文成绩让我非常吃惊,平均分居然高达97.5,比两个平行班高出了10多分。林校长无比激动地说:"这就是'共同体'带来的呀!"我找出学生的试卷,一张张翻阅:整洁的卷面,工整的字体,闪现着探索、创新的光彩……由此,"学习共同体"在我心中萌芽。

我开始反思一直以来习惯的讲授式教学,可谓"目中无人"。教师把教学流程的控制权牢牢抓在手心,习惯按照"设计好的方法"讲给学生听,不管学生是否真的觉得好。我们追求的完美课堂是设计精湛,天衣无缝,是引导巧妙、小手林立，是学生发言争先恐后、下课铃声适时响起。一年又一年，我们面对着不同的学生，都在用同样的教学方式应对。我们抱怨学生怎么了，却很少反思自己怎么了。其实，大家也常谈到：讲到口干舌燥学生还是不会，于是我们把知识点重复了一遍又一遍，让学生把练习做了一遍又一遍，能事倍功半我们还挺高兴。我们严格按照教学流程组织教学，一丝不苟地完成教学任务，自问对工作、对学生问心无愧。课堂上我们要求每个学生认真听老师讲课，很少关注学生的想法，很少给机会让他们说出自己内心的话。有的学生可能一学期都不曾在课堂上发出过自己的声音。即使我们的教学中也生成了很多有价值的问题，但我们没有给学生时间和机会去思考和挖掘，学生没有思想的碰撞，没有更广阔的视野，更鲜有创新。

"学习共同体"初体验

去年年底，台湾师范大学教育研究所博士、新北市秀山小学校长、新北市"学习共同体"实验计划推动委员林文生，在我们学校年会期间上了一节数学课"鸡兔同笼"，他"静悄悄的课堂"引起了我的极大兴趣。课堂上，学生各自独立自学；几分钟后，教师让学生与同桌交流后提出本课要研究的问题，大家开始小声交流，发言时同时起立（共同体一种标志形式），互相补充；接着，在教师的引导下，学生又针对自己提出的问题开始两两合作（要求不影响第三方）讨论分析，之后上台展示合作思考过程，其他学生可或补充或反对，或质疑或赞同。其间，学生积极、兴奋地投入到学习中，林老师只是穿针引线，点到为止。

这就是"学习共同体"理念下的课堂，将学生置于学习主体地位，教师的主要职责是唤醒学生内心对学习的需求，变"要我学"为"我要学"。学生自己围绕所学内容提问，在独立思考的基础上，通过"共同体"的倾听与应对、串联与反刍来解决问题，实现学习。与以往小组讨论的"相互教"不同，这是一个"相互学"的过程。"相互教"是指会的学生去教不会的学生，一部分学习困难的学生没办法实现真正意义上的学习，还会养成依赖习惯；"相互学"则是指学生间相互倾听，不会的一方主动地去问已会的一方"可以怎么解决问题"。有这样主动学习意识之后，真正的互相学习的"共同体"就会慢慢呈现出来。

林文生校长提出了"慢即是快，少即是多"的理念，还说："如果一节课内容太多，承载的任务太重，学生上课时候很忙碌，思考力就很难得到提高，学习力会越来越弱。若课堂只聚焦几个核心问题，让学生深入思考，看上去学得少、学得慢，但思考模式丰富了，思考力便能提高，学习力就会越来越强。"这些观点给了我一种久旱逢甘霖的感觉。到了假期，学校组织"学习共同体"专场培训会，我放下了既定的旅游计划，参与其中，认真听取了林文生校长的报告、福建师大余文森教授的报告。回来后又把之前学校会议上记录的林莘校长的分享找了出来，一头扎进了相关著作中。

在尝试中探索

新学期一开始，我迫不及待地开始了"学习共同体"的尝试。课堂上让学生同桌静悄悄讨论问题、分享自己的思考、学习中遇到的问题、学习后的感受收获等。并在"共同体"的学习过程中指导学生学会倾听，听后对发言人进行评价或提出建议，指导学生学会反刍，往后看，互惠互助，即"倾听——串联——回归"。一段时间下来，班上的学生渐渐敢于上台发言，分享自己的思考，倾听的学生大部分也能比较恰当地对发言的同学进行合理评价和提出建议。在这个过程中，学生还学会了礼貌、学会了合作、学会了感恩，对数学的学习兴趣也明显提升，但是也产生了另外的问题：能独立提问的学生不多，问题也问不到点上；在解决问题的过程中，因为放手让学生去探讨，比不过直接讲授式"高效"，常导致当堂内容无法顺利完成，常常拖课。这点让我感到苦恼。

于是，我请实习老师帮忙把我的课堂教学用手机录制下来，课后回放，寻找问题的根源，几次下来找到了症结所在：缺乏整体的架构与布局，着眼点停留在知识的分解上，呈现的是"花费较短时间的即时性思考性问题"。问题多、杂、碎、小的现象大量存在。猛然间发现了自己的所谓"学习共同体"的理念与佐藤学提出的"学习共同体"有很大的出入，我不过是在为"共同体"而"共同体"罢了！于是，我又把《静悄悄的革命》一书拿出来重新阅读，一边翻阅一边思考自己的教学过程：课堂过分追求学生的"表现性展示"，交流的只是比较浅显的知识信息，学生的思维深度受到了限制。而思维能力是学习能力的核心，是人终身发展的基础，"学习共同体"课堂是一种以思维差异为资源，以深度对话为形式，以"倾听、串联、回归"为策略，旨在培养学生独立思考能力和批判思维方式，目的是让学生成为"会思考、有思想"的人。

为教之道在于导，为学之道在于悟！思考是教师送给学生最好的礼物！我必须改变这种碎片化的问答模式，为学生提供充足的思考时间。"学习共同体"强调多问不如精问，由几个核心问题组织起来的课堂教学活动，层层深入，从不同角度深化课堂内容的学习，让学生的思维不断向纵深发展。以"一问能抵许多问"的核心问题导引学生探究新知，一定能激发学生学习数学的主动性、积极性，发展创造性思维，从而有效避免课堂上浅层次的"碎问碎答"造成时间的浪费。正所谓"大道至简"。教学中我们要采取化繁为简的策略提炼出核心问题，为学生创设更多的时空去自主探索，去倾听、应对，使学生的思维更主动、更广阔、更灵活、更深刻。

带着这样的思考，又一个新的学期到来了。教学中，我开始关注教学进度，如何整合教材、设计核心问题，尽力简化教学程序，尽量减少课堂的无效提问；课堂上重点关注学生如何倾听与应对。在问题的提炼上，尊重学生的学习差异，问题和活动的设计力求具有台阶梯度，以便在课堂教学中既赋予课堂对话以思维价值，又给思维留白。

课堂上，我常常让学生"冲锋在前"，自己"退居幕后"，时时观察着学生，当他们面对一个新的教学内容时，他们的视角落在何处，他们如何对话、如何思考、如何推理、如何想象的。因此，我的做法是想办法去调动他们发现问题、提出问题的积极性，再把问题抛回给他们，观察他们是如何倾听、对话，进而开始串联的。几次下来，我发现学生其实是很厉害的，只要方向正确，他们就能生成很多想法，即使是错误的想法与做法，也能错得很有价值,大家在思辨中厘清观念,建构知识点,学生觉得这样的学习是有趣的,是有意义的。

对于前来随堂听课的老师我会要求他们:不要看我的教,只看学生的学。不要看课堂的亮点,而是课堂的卡点:为什么学习不能放松,学习在哪里没有发生?哪些学生没有在学习?……看到学生,听到学生,想到学生,关注的不是学生的理解,而是他的不理解,只有这样,才能贴近学生的想法。课堂始终遵循着:核心问题的提炼——引发思维,"共同体"探讨——聚合思维,互动对话——发散思维,串联反馈——矫正思维;反刍回归——迁移思维这几个共同体课堂的基本要素,展开教学。

十月底,福建师大课程中心泉州数学名师培训班的老师来我们学校参加实践活动,我执教了一节六年级的"数与形",在试教时,我请林莘校长前来把脉。课堂上,一个个"为什么?""你怎么想的?"的声音此起彼伏,在质疑等互动对话交流中,达成共识。在"润泽的教室"课堂学习氛围中,任何人都可以安心地展现自己的想法,没有谁会讥笑谁,有的只是一个不断发现问题、探索问题、解决问题的享受过程……课一结束,林莘校长过来紧紧拥抱住我,眼里闪着泪花:"太棒了!这就是共同体的数学课堂,你已经完全领悟了!"

学生们这样说:"我喜欢上课有对话,特别是同学和同学之间的对话,否则憋得难受。""平时老师讲课,我们不敢随便问,但是同学上台讲,我们就敢于提出批评或疑问,这样就会有更多的讨论,学习起来就好玩多了。"

学生们说得真好。传统的课堂学生不敢对老师有质疑,但同辈间他们则敢于质疑。这样的"学习共同体",学生能够展现思维的灵性、张扬个性的本真,体验到课堂交往的快乐,收获课堂学习的愉悦。正所谓:课堂有温度,目标有高度,思维有深度,容量有梯度。

"方圆之间"见精彩

十二月份,又一节公开课,面向青海国培班的学员。内容是"方与圆——圆面积知识的综合运用",由于需要求圆内接正方形的面积,难度比较大，于是布置了一项任务，先让学生前一天在家剪一个圆并画出圆内最大的正方形以及剪一个正方形并画出正方形内最大的圆。

第二天上课时候，我先让学生们同桌交流预习情况，再请同桌两个都画不出来的学生说说难在哪里，最后让他们向能画得出来并会说出理由的同学求助，这一过程学生们都特别认真倾听其他学生的方法与自己方法的不同之处。正方形内最大的圆比较容易画出来：只要抓住圆心与半径就能画出来；圆内最大的正方形，则有不同方法，一个学生说用了折的方法，对折再对折，然后把弧折起来，展开就可以得到最大正方形；还有不少学生想出了画两条相互垂直的直径，然后四个点连起来就围成了一个最大正方形了。

接下来请学生们提问，关于方与圆，你还想学习哪些知识？在同学的问题中提炼出核心问题，其中提到怎么求圆内接正方形的面积，为了研究方便，我把圆半径定为1，不少同学自告奋勇上台列式，我请了四个列出不同算式的同学上台。

先是班长林家锌，算式是 $1×1=1$（m^2），$1+1=2$（m^2），他先画了个图，两个三角形拼接成一个 $1×1$ 的小正方形，再跟大家说他的想法，把正方形沿着两直径剪切拼成两个 $1×1$ 的小正方形，说完大家一下子都听懂了。他表现得很大方，对其他同学提出的问题临机应变的能力也很好，学生们既兴奋又安静，这就是"丰富的安静"。泽旭的做法与家锌不同，他是分成两个直角三角形来算的，列式是 $(1×2÷2)×(1×2÷2)=1$（m^2），在同学们的追问下也理清了方法。在台下的同学更让我佩服，因为他们很专注地倾听与学习，偶有同学会主动举手提问，抑或是抢着上台改正小小的疏漏之处——把加号错写成了乘号，台下的伙伴及时给他们正面的评价，掌声比平时都热烈，感觉非常好。亦凡的做法是 $1×2=2$（m），$2×1=2$（m^2），先分成两个底2高1的三角形，把两个三角形拼成一个 $2×1$ 的长方形，在同学们的疑问与反复追问中渐渐明晰，直到最终达成共识。永康的做法出现了个小错误 $1÷2=0.5$（m），$1+0.5=1.5$（m），$1.5×2=3$（m），$3.14×3=9.42$（m），求周长去了，而且求周长的方法错了（这个问题得到中学才会）。瑞晗马上举手问了：我不理解你是怎样想的，但我肯定你的方法是错的！然后就上台分享了他的想法。永康试图将自己的做法说给其他同学听，结果发现自己居然求的是周长，于是问题暂放着。但在 1 小时的课接近尾声的时候，学生们还惦记着这个问题，不愿意下课，想知道圆内接正方形的周长如何求，云皞甚至凭着直觉还大声喊出了"是不是要开方？"，当然这是后话。

　　学生们一句句："你怎么想的？你为什么这么做？这一步是什么含义？我有疑问……""我是这样想的……我说明……"就这样学生们在互相尊重、民主平等、轻松愉悦的和谐氛围中友好辩论，共同探究、逐步完善构建起数学模型。我真没想到，在学生们自主自由的课堂上，思维就这样一步一步缜密了，我还有讲的必要吗？

　　接下来的环节是解决方圆之间面积的问题，学生们的解答如顺水行船，令我意外的是部分学生居然还能说出圆外切正方形的面积、圆的面积、圆内接正方形面积三者之间的倍比关系。

　　青海国培班的老师和河北农村骨干班的校长一同观课，他们对学生的想法纷纷投以赞许的目光，感叹道：共同体环境下，小学生的思维太活跃了！！！不管台上或台下的同学，大家都很用心学习，太让我感动了！课堂是如此的精彩！

案例比较见精彩

　　多么轻松自在的共同体课堂啊！学生当了学习的主人，他们有了共同且平等的对话机会。我们只要做到尊重这是他们的学习舞台，在适当时间做小小的点拨，必要时当当学生们的辅手。课堂看似"形"散了，但"神"却聚了。共同体课堂有着独特的魅力，它引领着一批批有志于教育改革的教师们探索前行，那么，共同体课堂的魅力在哪里呢？下面我以六年级上册"数与形"一课为例，来向老师们呈现共同体课堂与传统课堂的不同精彩。

　　【案例一】该案例是自己还未接触共同体课堂时设计的一节传统的教学。

一、回顾感知数形结合的应用

　　(1) 用长方形模型演示 $\frac{1}{2} \times \frac{3}{5}$。

(2) 利用线段图理解分数应用题。

小东看一本 150 页的故事书，第一天看了这本书的 $\frac{1}{4}$，第二天看了余下的 $\frac{1}{3}$，第二天看了多少页？

(3) 利用面积模型解释乘法分配律 $(a+b)c=ac+bc$。

总结：数与形密不可分，可用"数"来解决"形"，也可用"形"来解决"数"的问题，今天我们来深入研究"数"与"形"。（板书）

二、通过拼摆小正方形，初步感受到数与形之间的联系

1. 创设问题情境。

出示 1 个小正方形、3 个小正方形、5 个小正方形，可以共同拼出一些大小不一的大正方形图，有规律地呈现这些图，让学生说出前后两个大正方形图形相差多少个小正方形。

2. 说出每幅图是由几个小正方形组成的。

3. 想象一下，下一幅图会是什么样子呢？需要多少个小正方形？

4. 同桌合作交流。师解释什么是平方数或正方形数。

5. 汇报交流结果：

生 1：大正方形左下角的小正方形和其他"7"形图形所包含的小正方形个数和正好是行或每列小正方形个数的平方。

生 2：左边加法算式里加数都是奇数。

生 3：有几个数相加，和就是几的平方。

生 4：第几个图形就有几个数相加，和就是几的平方。

6. 思考：第 10 个图中有多少个小正方形？第 100 个图中呢？第 n 幅呢？

学生汇报，师总结：同学们非常善于观察和思考，学习中我们利用计算求出图中小正方形个数，反过来直观的图形也更好地帮助我们计算各数的含义。

三、总结

在我们解决数学问题时，常用的数学方法中数形结合思想是最直观也是

最美妙的，数和形有着十分密切的联系，在一定条件下可以互相转化、互相渗透。

【案例二】共同体课堂的教学设计。

一、观察趣图，导入新课

（多媒体演示：从不同角度观察图片会看到不同的结果。）

同学们，认真观察屏幕上的图，把你的发现悄悄地告诉你的小伙伴。继续观察……你发现了什么？你想跟大家说什么？

【通过观察两幅有意思的图，引出新课学习，激发学生探究兴趣。角度不同，看到的结果也不同。】

二、自主探究，发现规律体验以数解形

师：是一个边长为1的正方形，老师把它贴在黑板上，用一个数1来表示。（贴边长为1的正方形，并在下面板书"1"）

师：接下来，你们在心里静静地想，第二个、第三个、第四个图是什么样子的？这大一些的正方形图里包含有几个边长为1的小正方形呢？能不能用算式来表示？

师：对照图与算式，观察它们的前后变化，有什么规律？把你的想法跟同桌说一说。

【通过猜测、观察一组正方形图，发现规律，引发兴趣。学生的思维是从形象到抽象的，先从形入手，更易进入状态。】

师：刚才从观察正方形边的角度发现了这一组正方形图中隐含着的规律，如果我们从不同的角度去观察，还有没有不同的发现呢？请同学们拿出信封中的学习单。不急着做，先看看大屏幕，老师请一个同学先读一读。

要求：

从不同的角度观察，把你发现的规律用算式表示出来。

写完后与同桌交流一下你的想法。

（请有代表性的学生板演并说出列式依据。）

生1：1＝1、1＋3＝4、1＋3＋5＝9、1＋3＋5＋7＝16

生2：1＝1、1＋2＋1＝4、1＋2＋3＋2＋1＝9、1＋2＋3＋4＋3＋2＋1＝16

师：仔细观察，这几组算式中左边的加数有什么共同点？

师：同样的图形，从不同的角度去观察，会发现不同的数的规律，并能用算式表示。这就是以数解形。（板书：以数解形）接下来就要用所掌握的规律解决实际问题啦！

三、练习应用，体验以形助数的优越性

(1) 课件出示第一组题，学生独立思考，完成后同桌交流。

1. $1＋3＋5＋7＋9＋11＋13＝$

2. _____ $＝8^2$

(2) 快速回答。

屏幕出示：$1＋2＋3＋4＋5＋6＋7＋8＋9＋10＋9＋8＋7＋6＋5＋4＋3＋2＋1＝$

$1＋2＋3＋……＋n＋……＋3＋2＋1＝$

(3) 快速回答。

屏幕出示：$\underbrace{1＋3＋5＋7＋9＋11＋13＋……}_{\text{共100个连续的奇数相加}}＝$

(4) 挑战难题。渗透勾股定理。

屏幕出示：$1＋3＋5＋7＋5＋3＋1＝$

你能想到什么样的图？

四、小结。谈谈收获，概括提升

通过本节课学习，你学会了什么？有什么收获？

对 比 分 析

叶圣陶先生曾经说过，教材无非是个例子。学习共同体强调教材的整合。

根据课标上对这块知识的目标定位，以及教师教学用书上的建议，应该是从不同角度观察发现规律、运用规律。一组正方形图，其中并非只有一种规律，也不应该仅仅只学这种等差数列求和的规律，如果只是【案例一】这样教学，那么学生的思维就是单一的。如果遇到三角形、长方形、五边形、六边形等学生无法举一反三，所以我们要培养学生多元思维，只有会发散才会有创新，这里的慢就是快，现在的慢就是为了以后的快。

"学习共同体"强调对学习的内容进行整合。在教学中，我尝试让学生探索着学，以学生学习为逻辑主线的"板块式"结构，这样学生就有较大的活动空间。课上有充分的时间专注于学习。【案例二】中这一环节的教学有三层递进的含义。1. 先让学生观察黑板上的四个同色小正方形图，发现图形的变化规律，小正方形的个数用几的平方来表示，找出其所对应的序数关系：第几个图算式就是几乘几。2. 以颜色区分作为提示，让学生从折角处小正方形的递增进行观察，从而发现规律，用算式表示出来。3. 放开思维，从不同角度继续观察发现规律，用算式表示出来。

这样的活动设计，一是从低到高具有层次性，可以引导学生步步深入，利于问题解决；二是符合探究式教学的程序，在老师提供的"学习支架"支持下，学生自主探索、合作探究，发现并得出相应的结论；三是体现了"做中学"原则，学生作为学习的主体，亲力亲为，能体验到知识建构的快乐。

策略与思考

共同体教学特质有：1. 核心问题的设计；2. 构筑倾听与对话的课堂。核心问题是成功学习的本源，合适的活动是有效学习的基点，恰当的评价是智慧学习的保障。如果立足课堂这"三块基石"，教学设计就有了依托。教师首先需要发掘学习问题，将知识点以问题的形式呈现在学生的面前；其次，创造性地设计学习活动，让学生在寻求和探索解决问题的思维活动中，掌握知识、培养技能、发展智力、养育人格。同时，科学有效地运用评价，调控和引导学习活动，保障教学目标的达成。

澳大利亚的 Eric Frangenheim 在《活跃课堂思维的教学策略》一书中指出：最好的学习发生在教师停止讲授的时候，这取决于：好的问题或活动、合适的策略和清晰的时间安排。优质课堂需要优质问题，而落实优质问题需要优质活动，没有精心的活动设计，优质问题则悬空无实、有心无力。

真正体现课堂生命活力的教学活动应围绕问题而展开，积极引导学生把自己的思考方法、策略、对问题的见解与别人交流，让学生从思维的交流中发现各自的不同，并分析产生不同的原因，从而发现深层次带有规律性的问题。引导学生通过观点的碰撞、论争和比较，获得结论，真正理解和巩固知识，培养学生的创新精神和创新思维。

联合国教科文组织指出："通过对话和各自阐述自己的理由进行争论，这是 21 世纪教育需要的手段。"告别独白与灌输，走向对话与研究，是我国教学改革的基本方向。但"除非对话双方进行批判性思维，否则真正的对话无从谈起"。深度对话是一种思维碰撞，而非教材结论的简单问答和浅层理解的外化表现。

我追求的课堂景象是：不是热闹的课堂，而是用心倾听的润泽的课堂；不是对答如流的课堂，而是有问题、有困惑、有真实声音的课堂。师生共同围绕有价值的核心数学问题，安心地表达自己的想法，老师同学之间表现出彼此的尊重与友善。我的课堂常常有这样的引导与追问：

为什么？你是怎么想的？谁还有不一样的想法？能举个例子吗？你能让别人一下子看明白你的思路吗？

这些问题会暴露学生不一样的思维与学习风格，会把课堂引向更深层次，会让课堂走向丰富。

在平时的教学中，我的评价方式常常是这样的：1. 与他人有不同的观点加分。2. 能准确说出理由加分。3. 能发现别人的漏洞进行补充或者反驳加分。

这样学生才会注意倾听，敢表达，敢质疑，主动寻找依据，而且搜集对方发言的信息，即批判性思维，对提升学生综合素养具有指导意义。

教育部基础教育司的《走进新课程——与课程实施者的对话》一书也指出：如果没有多样化的思维过程和认知方式，没有多种观点碰撞、争论和比较，结论就难以获得，也难以真正理解和巩固。

在学习共同体的课堂对话中，常常会出现观点、见解不同的争议，而"争论是思想的最好触媒"，"独立之人格，自由之思想"的创新精神恰恰是在这种具有批判性思维"对话"中养育而生。

（作者：林莺）

如何在小学数学教学中渗透数形结合思想

缘　起

这学期我基于学校数学校本课程思维训练的研发，尝试以校本教材为教学内容上了一节思维训练课："最大积和最小积"。在研读教材——教学设计——预教——评课——课后反思的过程中，深刻地感受到教师对教材和对学生学情以及最近思维发展区的解读，对数学思想方法把握与理解的不同，课堂上就会产生不同的教学效果。现在我就"最大积和最小积"一课中本校老师的教学设计和自己磨课后的教学设计为例加以阐述。

案例一

一、情境创设，导入新课

超市大赢家：甲、乙、丙三位选手在超市进行比赛。经理要求选手使用四个数字2、4、5、8，每个数字只准用一次来组成两个两位数，还提出，谁的两个两位数相乘的积最大，谁就可以在超市里拿走和最大积同样金额的商品，结果丙成了大赢家。丙是怎么组合数字的呢？

二、小组合作，探索规律

1. 引导学生讨论：

（1）用这四个数字组成两个两位数，要使它们的积最大，对这两个数有什么要求？

（2）十位上应该排列什么数字？

（3）那剩下的两个数则出现在这两个两位数的什么位置？

（4）讨论：两个数的十位上的数分别是8与5，个位上的数分别是2和4，可以组成什么样的两位数乘两位数？板书：82×54　　84×52

（5）到底是82×54还是84×52的积大呢？

A. 通过计算得出。

B. 根据和不变的已有经验，两个数越接近，它们的积最大。

2. 小结方法。

（1）全班交流，小结方法：十位上排列两个大数，个位上排列两个小数。要使它们的积越大，则两个数越接近，它们的积越大。

（2）学法指导：先猜想，再验证。

三、再设情境，运用规律

过了一周后，甲、乙、丙三位选手又相聚在超市大赢家进行比赛。这次经理要求选手使用四个数字：2、4、5、8，每个数字只准用一次来组成两个两位数，还提出，谁的两个两位数相乘的积最小，谁就可以在超市里拿走和最大积同样金额的商品。结果甲成了大赢家。你知道甲排列组成的两个两位数是多少吗？最小的积是多少吗？

四、拓展延伸，应用知识

1. 用2、3、6、7这四个数字组成两个两位数（每个数字只准用一次）怎样排列才能使它们的乘积最大？

2. 用1、3、5、7、8、9这六个数组成两个三位数（每个数字只能用一次），乘积最大的两个三位数是_____和_____。乘积最小的两个三位数是_____和_____。

3. 有两个非零的自然数，它们的和是40。那么这两个自然数的乘积最大是多少？

五、全课小结，放飞想象

这节课我们学习了几个数字怎样排列就能求出最大的积和最小的积，联系这个活动内容，我们还可以联想到其他活动内容吗？（最大的和和最小的和；最大的商和最小的商……）请你根据自己联想到的内容，设计出一道题目，并说一说解答的方法或思路。

案例二

"最大积和最小积"的内容在人教版数学教材没有具体的教材文本，只是练习中有一道打星号的思考题：用1、2、3、4、5这五个数字组成一个两位数和一个三位数。要使乘积最大，应该是哪两个数？要使乘积最小呢？换五个数字再试一试。

有关三位数乘两位数乘积最大和最小的研究，绝大多数教师在教学时都是从数学论证角度来推导，我认为，这样的教学方式并不适合四年级的学生。所以基于学生的学情，我从学生最近的数学思维发展区出发，把知识内容调整为发现最大积、最小积的规律，以及用四个数字组成两个两位数找最大积和最小积。我创造性地对教材进行合理的调整，并遵循从易到难的原则，从简单的数据入手，先探讨用列举法找出最大积和最小积，观察比较后有了自己的猜测，再让学生用列举法验证，发现列举法的局限性后，引导学生数形结合，用画图法化难为易解决问题。这样的设计很好地沟通了数学研究的两大领域数与形的联系，让学生充分感悟数形结合的数学思想对于解决问题的妙用，更有效地促进学生的发展。

一、情境创设，引出课题

由小欧拉智围羊圈的故事引入，小欧拉巧妙地帮爸爸解决用100米篱笆围出不少于600平方米的空地的问题。创设数学家欧拉小时候智围羊圈的故事，情境引入让学生觉得有趣又不乏数学味。点出欧拉就是利用学生三年级时探讨过的当周长相等时，长和宽越接近，长方形的面积越大，当长和宽相等时，围成了正方形，这时面积最大。让学生结合情境中的图形感悟旧知，为探索新知更好地服务。借此既复习了旧知，发展学生数学迁移能力，又顺势揭示了新课题。

二、小组合作，学生探索

1. 观察比较，提出猜测。

师：要研究最大积和最小积，我们可以从简单的数据入手，请看：

出示题目：和是10的两个非零的自然数，这两个数的乘积最大是多少？最小是多少？

师：你们想如何研究这个问题呢？同桌小声讨论一下。

2. 验证猜测，得出结论。引导学生用自己喜欢的方法进行验证。

遵循从易到难的原则，从简单的数据入手，同学们用列举法找出最大积和最小积，观察比较后有了自己的猜测，再让学生用列举法验证，发现列举法的局限性。学生尝试用画图法，就将算式借助图形验证了这个猜测，更好地探索出最大积和最小积的规律。此设计最大的不同是用数与形结合的方法去证明学生的发现"当两个数的和一定时，这两数的差越小，它们的乘积越大。（当两个数相等时，它们的乘积最大。）两个数的差越大，它们的乘积越小"。让学生既独立思考又合作学习，通过猜测、验证，促进学生逻辑思维能力和空间概念的形成。沟通好数学研究的两大领域数与形的联系知识和思维训练相辅相成，明线是知识目标的达成，暗线是数学思维和数学能力的提高，并利用所学规律解决问题。

3. 设计"运用结论，抢答闯关"环节。引导学生把新发现的规律运用在基本题：分别找出和是60、200、15、21的两个非零的数的最大积和最小积。巩固最大积和最小积的规律，从中还有意外生成发现最小积都是 $1 \times (原数 - 1)$，最大积双数都是和的一半相乘，单数都是相邻的自然数相乘。这个环节设计既注意到练习的层次性，又有动态生成，更有效地发展了学生的思维。

三、迁移探索，解决问题

1. 引导学生利用学到的本领来解决生活中的问题。

金蛋大赢家

王叔叔参加东百非常6＋1庆国庆砸金蛋活动。他砸到的金蛋要求：用2、4、5、8这四个数字，每两个数字组成一个两位数，组成的两个两位数相乘的积就是获得的购物卡的金额。

2. 小结方法：要使两位数尽可能大，十位上排列两个大数，个位上排列两个小数。要使它们的积越大，则两个数相差要越小。

3. 再设情境：在大家的帮助下王叔叔获得了 4428 元的购物卡，那老师还想知道王叔叔最少能获得多少金额的购物卡，该怎么做呢？请同学们带着学习单回去思考。

四、课后总结知识和学习方法
……

同课异构带来的思考

这两个设计都有基于学生的学情，着眼于学生最近数学思维发展区，把知识内容由用这五个数字组成一个两位数和一个三位数找最大积和最小积的规律，调整为发现最大积最小积的规律，以及用四个数字组成两个两位数找最大积和最小积。两个设计都能紧紧围绕知识与技能目标设计并展开教学，都体现学生为主体，让学生经历探索 大胆猜想——举例验证——得出结论的过程。但与案例一相比较就很明显看出，案例二不仅以学生为主体，更能透过数学知识本身，挖掘出学生在学习数学知识背后的数学思想（数性结合、不完全归纳、演绎推理、化繁为简等），尤其是大大渗透了数形结合的思想，根据数与形之间的对应关系，通过数与形的相互转化使探索简明直观，有效培养学生的数形结合思想，让学生在潜移默化中悟出算式和画图之间的密切联系，感受到数与形结合的优点，为探索最大积和最小积的规律找准了突破口，在课堂中逐步提高学生思维的灵活性。

策略与思考

从前面的分析中不难看出，数形结合对课堂教学中学生的思维灵活性培养具有重要意义。"数"和"形"是数学中两个基本领域，数形结合既是一种重要的思想方法，又是解决问题的有效方法。通过"以形助数"或"以数解形"即通过抽象思维与形象思维的结合，可以使相对复杂的问题简单化，抽象问题具体化，有助于培养学生灵活运用知识的能力，帮助学生克服思维的定势，选用灵活的方法来探索规律、解决问题。那么，怎样才能根据教材较好地渗透数形结合方法呢？

一、以形助数理解数——用图形的直观，帮助学生理解数，提高教学效率

小学生从形象思维向抽象思维发展，需要借助于直观。比如小数是一个比较抽象的概念，在教学时，借助数与形完美的结合——数轴的呈现，让学生理解1米＝10分米，1分米＝0.1米，并类推出1厘米＝0.01米，1毫米＝0.001米；学生就能非常轻松地掌握小数的意义、小数的大小、小数的性质以及小数与整数的关系等。同样，分数的教学，也可以借助图形。通过图形学生更好地理解了分数的意义、分数单位等概念。明白了分母就是平均分的份数，分子就是取得的份数。分母越大说明平均分的份数越多，每份就越小，这个分数单位就越小。在分数的应用中，数形结合也能很好地帮助理解题意。比如：把一根绳子对折三次，现在的绳子的长度占原来绳子总长的几分之几？分析与解：这道题条件虽清晰，但单从字面上对于大部分学生很难弄清现在绳长与原来绳长的关系。如果用纸折，看图，学生就会非常直观发现对折一次是$\frac{1}{2}$，对折两次是$\frac{1}{4}$，对折三次是$\frac{1}{8}$。这样利用数形结合，学生表象清晰，思维清楚。如果没有数形结合，就不可能达到这样的教学效率。

二、以形助数学算理——用图形的直观，帮助学生理解算理，提高教学效率

我们可以借助于"面积模型"和"集合模型"来理解分数的意义及其运算，其实质就是将分数与图形结合起来。在学习"异分母分数加减法"时，就可运用数与形的结合帮助学生理解异分母分数加减法为什么要通分。我们可充分利用分数的直观图，将数与形结合起来，引导学生体会"只有平均分得的份数相同，也就是分数单位相同，分子才能相加减"的道理，直观地理解通分的必要性及异分母分数加减法的算理，从而得出异分母分数加减法的法则。

三、以形助数巧应用——用图形的直观，帮助学生理解数量关系，并应用于解决问题，从而提高教学效率

小学数学解决问题既是教学中的重点，也是教学中的难点。小学生的思维处于具体形象思维向抽象逻辑思维的过渡时期，对于一些抽象问题理解起来比较困难。作为教师不仅要教给学生知识，更重要的是教给学生学习知识的方法。尤其是中高年级的解决问题，文字表述比较抽象，数量关系比较复杂。比如行程问题和分数问题，借助线段图可以准确地找出数量间的对应关系，问题就迎刃而解。像画线段图辅助解决问题就是数形结合，线段图在小学数学解决问题教学中起到了奇妙的作用。数形结合思想可以将抽象的问题转化成图形问题，可以直观地发现数量之间存在的内在联系，让原本抽象复杂的数量关系变得直观形象、清晰明了，进而轻松解决数量关系复杂的数学问题。既培养了学生的解题能力，又促进了学生思维的发展，是教学中行之有效的教学方法。

四、以形助数促思维——数形结合，优化方法，提高学生思维的灵活性

数形结合可以使数学课堂学习变得生动有趣，其学习的终极目标是要促进学生思维的发展。比如教学"植树问题"时，可先与学生进行玩手指游戏互动。让学生观察，有几个手指几个间隔？学生就会兴致勃勃地发现"2个手指1个间隔。3个手指2个间隔……"从而得出手指数和间隔数之间的关系是：手指数＝间隔数＋1。调动积极性后再出示例题：在长60米的小路一边植树，每隔10米种一棵，如：（1）两端也要种，一共需要多少棵树苗？（2）只种一端，共需要多少棵树苗？（3）两端都不种，一共需要多少棵树苗？然后让学生分组讨论，先猜想解答，再通过画图验证。这样的数学活动，体现了数形结合的思想，彰显了数学学习的价值，使学生的思维水平得到了提升。再比如解决几何图形面积：面积是1公顷的正方形的池塘，若边长增加100米，池塘的面积增加多少公顷？

方法1. 学生通过计算得出1公顷＝10000平方米，求出原来边长是100米，再用（100＋100）×（100＋100）＝40000（平方米）＝4（公顷），4－1＝3（公顷）。

方法 2. 画图不用计算就直接发现多出了 3 公顷。

这两种方法的比对，让学生感受到数形结合方法相较于计算方法的优势，引起学生的共鸣，让学生深刻体会到数形结合的优越性，从而提高了学生解题方法的多样性，进而提高学生思维的灵活性。

五、以数辅形，将图形问题转化为计算问题，开拓思维

"形"虽具有直观形象的优势，但有时也存在繁琐和不便于表达的劣势。我们也可以引导学生借助数学计算，将图形问题转化为计算问题，以数辅形，数形结合，更好地体现数学抽象化与图形的相辅相成的魅力，使学生更准确地把握形的特点。比如说对几何图形性质的判断有时需要通过计算才能获得正确结论。如：周长相等的正方形、长方形和圆形哪个面积大，哪个面积小？凭直观难以判断，而通过具体计算，或通过字母公式的推导就一目了然了。

数形结合的应用不仅可以有效提高学生理解掌握数学知识的效率，还可以发展学生的思维，提高学生解决问题的能力，增强学生的数学素养，甚至还有利于营造轻松和谐的课堂氛围，激发学生的学习兴趣，使数学教学充满乐趣，让数学课堂变得更加精彩。所以巧妙地运用数形结合思想，一定会让学生逐渐爱上数学课，主动地学习数学，从而有效提高小学数学课堂教学效果。

（作者：林新冰）

借力学科本体知识，解读教材，精准教学

教材一旦经有关部门审定，则在相当长一段时间内保持稳定，往往作为一个"固化态"呈现在师生面前。但在课堂实践中，同样的教材背后，却是精彩各有不同的教学过程。这是因为不同的教师，往往会对教材有着不同的解读和处理方式，进而带给学生的是不同的教学效果。因此，教师对教材的解读和教学处理方式，是落实教材要求和保证教学质量的重要一环。但是，数学学科教材具有符号化、简洁化的特点，加之阅读对象设定为学生，所以对教师来说，在解读教材的时候，往往有语焉不详的感觉。教学处理上的争议乃至教学过程中的疑难问题的产生，与对教材的不同解读有着极大的关系。那么，什么是解读教材的正误以及教学处理方式的得失的衡量标准呢？我以为，学科本体知识，应当是重要标准之一。教师在解读教材和设计教学时，应当借力学科本体知识，以求对教学中的重难点恰如其分地做出自己的思考和落实。

人教版2013版新修订教材有诸多变化，其中相当部分是新增加的内容，有的引起了小学数学教师的广泛关注，也产生了很多教学争议，六年级上册"数与形"就是一个案例。因缘际会，笔者在三个重要场合听到了三位专家对本课的大相径庭的处理方式，明显地体会到教材解读相异带来的教学思路的不同，并进而思考认为，由学科本体知识出发的理解和落实，应当是教师解读教材时的必由之路。

三节课，三种处置方式

六年级上册"数与形"一课，教学内容被设定为引导学生利用数与形的关系来解决问题，并在解决数学问题的过程中，培养学生发现规律、构建模型并应用的能力，提高推理能力，掌握和体会数形结合、极限等数学思想。

例1是图形化呈现从1开始的连续若干个奇数之和，即求"$1+3+5+\cdots+(2n-1)$"等于几。例2是计算$\frac{1}{2}+\frac{1}{4}+\frac{1}{8}+\frac{1}{16}+\frac{1}{32}+\frac{1}{64}+\cdots$的得数，引导学生发现"无限加下去，最终的得数为1"。并在练习中配合有利用长方形模型来解释分数乘法的算理，利用线段图来帮助学生理解分数除法的算理，利用面积模型来解释两位数乘两位数的算理、乘法分配律、完全平方公式等，还初步展示了解析数学中的函数图，并联系六年级所学的正比例关系和反比例关系图象等，内容十分丰富。

第一次听课是在杭州举行的人教版新教材的教材培训会上，此次会上展示的"数与形"一课，在全国范围内来说，应当是比较早的，反映了数学教师对本课的首次认识。

教师在本课上直接从例2进入，过程如下：

一、沟通分数加减法的联系

1. 教师逐步板书：$\frac{1}{2}+\frac{1}{4}+\frac{1}{8}+\frac{1}{16}+\frac{1}{32}$，当板书到$\frac{1}{8}$时问：你猜老师会写多少？怎么猜出来的？

师：一句话概括，后一个分数是前一个的$\frac{1}{2}$。

当板书完$\frac{1}{32}$时，让学生说出得数后，也说说计算过程。

师：这个办法叫什么？通分。有没有其他想法？

生2：最后一个数的分母减1就是它的分子。

生3：可以用画图来表示。

生 4：$1-\frac{1}{32}$ 得 $\frac{31}{32}$。（作者注：此时可以明显看出学生的原始认知是"比 1 差一点"。）

2. 借助图形感受加法与减法的联系。

师：看一个图，这个算式在图中表示什么？

生：涂色的部分。

师：那 $1-\frac{1}{32}$ 是什么？

生：空白部分。

二、渗透极限思想

师提出：如果再加下去呢？

师请学生集体读例题算式到省略号为止，问某一生下面是什么。加得完吗。

生：加不完。

师：你猜猜这样一直加下去，最终是多少呢。

课件：（1）猜一猜和是多少。

生 1：是 1。

生 2：1 减去最后一个数。

师：你能表示一下吗？好记下来。

生 2：$1-\frac{1}{n}$。

生 3：$\frac{(n-1)}{n}$。

师：请用"形"来解释你的想法……

生 1 展示作品，结论是"最后总有空白部分，所以和是 $1-\frac{1}{n}$"。

生 2 用线段表征，认为无限地分下去，最后结果等于 1。（作者注：此例可以看出，在对本例题——算式来说，线段比正方形更可能让学生觉得是 1。）

课件演示正方形模式，师：如果这样一直加下去，这空白部分会怎么样？

生 1：会最终被填满。

生 2：看成一个宇宙，这些分数看成星体，会成为分数的无限宇宙。

师：他讲了一个无限。

师：这些色块的面积会越来越大，最后会等于多少？

生 1：1。

课件出示：涂色部分面积无限接近 1。

……

教学至此，结论是给出了，但我们看到只有个别学生承认了"最终等于1"的结论，其他学生对此仍是半信半疑，而教师则把教学推进到练习题的分析讲解，不再深究例题。这样的教学，让现场听课的老师普遍认为比较生硬，并且明显是违背绝大多数学生"永远差一点"的"发现"结果的。从这次课起，我就非常关注不同教师对本课的解读和教学处理方式，之后又多次听到"数与形"一课，虽然有的教师从例 1 教起，但总体上都感觉不能很好地让学生理解和体会到"无限等于 1"的结论。去年参加一个全国性的大型观摩活动，在会上谛听到两位知名专家的迥然相异的教学设计，再次引发了我的思考。

教师一的教学过程明显把重心放在例 1，而对例 2 着墨不多，过程如下：

一、借助长方形与正方形的面积引出数与形的结合。

1. 如何求下面图形（呈 5×5 的方格图）中单位正方形的个数。（从面积的角度思考）

2. 长方形的面积与乘法分配律。

3. 小结：用两种方式计算同一个量，可以得到一些有意义的等式。

二、用不同的方法计算一个 5×5 的正方形中单位正方形的个数，并得到相应等式。

1. 示范并明确意义。

以上图形对应着等式：$5×5=5×3+5×2$

2. 独立研究不同的算法，得到相应的等式。

3. 反馈，推广，重点对以下两种可能的情况进行推广。

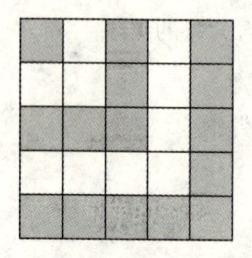

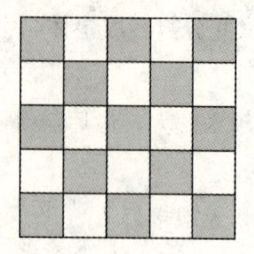

师：以上图形分别对应着两个等式：

$5×5=1+3+5+7+9$；

$5×5=1+2+3+4+5+4+3+2+1$；

教师并对这两个算式进行推广。（作者注：这一例题的教学占了相当大的教学时间。）

三、数形结合解决问题。

1. 出示问题：$\frac{1}{2}+\frac{1}{4}+\frac{1}{8}+\frac{1}{16}+\frac{1}{32}$。

2. 引导学生根据算式构造图形。

3. 用"算两次"的方法解决问题。

4. 将"算两次"方法推广到其他问题的解决中。

……

接下来，一直到教师开始介绍数形结合的数学文化，也没有介绍例2中最后那"省略号"如何解决。最终当本课结束，我们发现教师的处理方式是完全回避了那难教的"无限"，而只解决了分母为2的幂的有限单位分数的相加求和问题。这一点也在课后教师的反思中得到了证实，授课教师提出，"小学生是不容易理解极限思想的，放到下一学段学习也许更好"。

我们确认这是教师采取的是"避难就易"的教学方式。于是对第二天将展示的一节北京专家的课充满了期待。这位专家是教材编写组的成员之一，听课教师们都认为她的展示将带有一定的权威性，能够解释这个让诸多教师困惑的"无限怎么教"的问题。

第二天，专家教师的教学过程可以分为三个层次，如下：

一、体会数与形之间有关系

1. 教师展示教材上的正方形图，让学生发现图形的规律。

师：能用数或式子表达发现的规律吗？

生1：1、4、9、16。

生2：1×1、2×2、3×3、4×4。

生3：1², 2², 3², 4²。

生4：1、1+3、1+3+5、1+3+5+7。

教师引导：观察的角度一样吗？

小结：尽管角度不同，我们从图上仍看到了数的影子。

2. 让学生沿着规律写下去，得到1+3+5+7+9+11+13。

师：你能想到图形是什么？

生描述图形的样子，建立"数"与"形"之间的联系。

二、体会数与形的互助关系

1. 教学例2：$\frac{1}{2}+\frac{1}{4}+\frac{1}{8}+\frac{1}{16}+\frac{1}{32}\cdots$，渗透极限思想。

师：数的问题可以借助形来帮助我们解决，让我们用图形来帮助找感觉。

教师提供了正方形、圆和线段三种材料给学生选择。（作者注：这个环节与上一位老师的处理方式其实是一样的。）

学生操作交流后发现：算式的和无限接近1，但是离1永远还差那么一点点。

2. 认识形的局限性，由形回到数。

师：看来有时候图形不能很好地解决数的问题，这是图形有缺陷的地方，那我们可以再回到"数"!

教师利用反推的办法，借助课件的演示，让学生明白其中的道理：

$1 = \frac{1}{2}+\frac{1}{2}$

$$= \frac{1}{2} + \frac{1}{4} + \frac{1}{4}$$

$$= \frac{1}{2} + \frac{1}{4} + \frac{1}{8} + \frac{1}{8}$$

$$= \frac{1}{2} + \frac{1}{4} + \frac{1}{8} + \frac{1}{16} + \frac{1}{16}$$

$$= \frac{1}{2} + \frac{1}{4} + \frac{1}{8} + \frac{1}{16} + \frac{1}{32} + \frac{1}{32}$$

$$= \cdots \cdots$$

师：依次往下把最后一个分数二等分，我们会发现，右边的分数有无数个，于是就得到了例2中的算式。

小结：数与形到底有怎样的关系？

生：互相依赖、互相牵连、密不可分。

三、明确数与形各自的优势

1. 提供两个生活实例，让学生进一步体悟"图在帮数""数在帮图"。

2. 师：数与形互相帮助的时候，你认为数的优势是什么？形的优势又是什么？

生：数可以很精确；形可以很直观。

<h3 style="text-align:center">三种教学处理的对比和一种改进设想</h3>

对比三位教师的教学设计，我们可以看到因对教材解读程度、与解决角度不同所带来的反差极大的教学现场，并思考其背后折射出的教学原理。

教师一可能是因为接触教材时间不久的原因（当时新教材仅在个别学校试用，还没有在全国推广），所以对例2的认识停留在"数形结合百般好"的层面上，努力想让学生通过"形"来观察理解"数"，得出 $\frac{1}{2} + \frac{1}{4} + \frac{1}{8} + \frac{1}{16} + \frac{1}{32} + \cdots \cdots$ "照这样加下去，最终等于1"的"无限"思想。但从课堂上教师反复追问"等于几",而能够响应"等于1"的学生寥寥的情况来看,学生对这个结论并不太认同,所以教师一也就将这个环节走过场,直接进入了下一个环节。

但这样的教学,学生心中自然长存着一个疑惑无法解开,不知"信"其然的背后,是不知其所以然。不仅学生如此,我后来与听课的其他老师交流,也普遍认为这种处理方式显得草率,没有真正落实教材的教学要求。

教师二则采取了"回避"的方式,干脆略而不谈。他提出的"极限思想不适合在小学教学"的论断却引发了大家的争议,极限思想在数学上有着重要的应用,小学教材中的相关例题也不止此一处,直接说"不适合"进而以"不教"为处理方式,是同行所不能信服的。教育学家、《教学过程》的作者布鲁纳提出,任何学科的基本原理都可以用某种形式教给任何年龄的任何人。如果面对教材上的教学难点,都以躲避的方式来处理,那么只能收一时之轻松,而实际上是放弃了学科的教学目标。

教师三的教学则获得了老师们更多的认可,尤其是对例2的诠释,指出"形有局限性",并采用推理的方式来作为对例2的证明,许多现场听课教师认为,"心中的疑惑终于得以解开",并感叹说"只有教师心里没有了疑惑,才能把知识和思考方法真正地传递给学生"。

我也认为,教师三对数与形之间的关系的把握是恰当的,尤其是对数与形各有局限,需要互相补充并且"不是万能的"这些数学本体知识的精妙处拿捏到位,从而使课堂教学呈现出不同于前二者的精彩。因年龄特征影响,小学生对世界的观察和总结,往往呈现"直观"的特点,擅长的是"不完全归纳"。对例2来说,在学生的脑袋中,总结出来的是"无论加到几分之1时,都要比1少这样的几分之1",学生的结论往往是——永远都比1少那么一丁丁点。

但是教师三的处理也存在值得商榷之处,当教师通过课件展示"反过来想",可以把"1"分为两个$\frac{1}{2}$,并把其中一个$\frac{1}{2}$再平分为两个$\frac{1}{4}$,并且"可以一直分下去"之后,突然直达目标——"那最后就可以添上一个省略号,于是就等于1"。我们发现,其实并没有真正解决"省略号"的问题,学生完全可以照样"不完全归纳"出结论——"最后永远是有两个相同的分数单位,永远也不会等于例2的样子"。我不由感叹,"无限是难的"。

正好,我近期翻阅初中数学教材,在七年级上册有类似的问题探究,我们发现,七年级的数学教材上是以"错位相减法"来论证,过程如下:

解答:设原式=S,则:

$S = \frac{1}{2} + \frac{1}{4} + \frac{1}{8} + \frac{1}{16} + \frac{1}{32} + \frac{1}{64} + \cdots$

易得 $2S = 1 + \frac{1}{2} + \frac{1}{4} + \frac{1}{8} + \frac{1}{16} + \frac{1}{32} + \frac{1}{64} + \cdots$

因此有:$2S - S = (1 + \frac{1}{2} + \frac{1}{4} + \frac{1}{8} + \frac{1}{16} + \frac{1}{32} + \frac{1}{64} + \cdots) - (\frac{1}{2} + \frac{1}{4} + \frac{1}{8} + \frac{1}{16} + \frac{1}{32} + \frac{1}{64} + \cdots) = 1$。

即,原式=S=1.

这样的推理过程的最大优点是以"无限减无限",且"抵消"的两个部分完全相同,学生一望一想而知,从而更加合理。虽然这种推理过程是抽象的,但是由于此时(七年级)的学生已经有了一定的"用字母表示数"的基础,并且对"无限"有通过多次数学学习而得到的初步感知,所以仍是可以理解的。我认为,以这样的学科本体知识为基础,采取正确且准确的推理过程,对以上三位教师的教学设计加以综合改造,将能够真正达成这节课的教学目的,这也正是教材解读应当基于学科本体的一个例证。

关于解读教材的更多思考

"极限"是难的。对"极限"的认识,本身就是数学发展历史中的重大危机和飞跃之一。张奠宙教授在《小学阶段如何处理"极限"》一文中,也同样论及对这一教材的内容及教学分析,并提出,"以形助数"用这一例题合适吗,省略号要不要,这是"渗透极限"合适的教学节点与载体吗等诸多思考方向。

我认为,在这一教材例题可能会有再次修改之前,教师完全可以通过对教材基于学科本体的深入解读,紧紧围绕学生的认知发展水平,采取合适的教学手段，使"无限"之类的教学难点同样能得到优质的教学效果。

可以说，优秀的教学一方面得益于好的教材内容、教学材料的支撑，另一方面更得益于教师对材料的透彻分析以及课堂中引导学生在交流、体验基础上的感悟表达，既可"意会"，亦可"言传"。教师的准确解读，带来的正是学生的正确理解。

那么，如何提升教师的基于学科本体的教材解读能力呢？可以从以下三方面入手：

一、提升教师的专业自觉意识是落实学科本体知识、实现有效解读教材的前提

在教学教研中，往往注重的是对教师教学技能的培养，而忽视了对教师学科本体知识的关注。因此，需要拓宽和加深教师的学科专业知识，引导教师从数学体系的深度和广度来认识和解读教材，这一目标的达成，需要教师的反思内省与主动参与，可以说，这种深层次的解读教材能力的达成，重在内因，关键在于自我修炼。一旦教师落实了专业发展的自觉意识，将会产生结合学科本体知识解读教材的足够动力，从而为优质准确的教学打下基础。

二、加强教育数学的学习，构建丰厚的学科知识结构体系，是有效解读教材的基础

知名的数学教育者马力平通过研究提出，教师所学数学知识的整体很大程度上决定了他的教学效果。因此，在教师开展教研，研究和分析教材时，应当统观整个小学数学内容体系，准确分析和把握教学的重难点，并寻找合适而正确的数学诠释方式。这一方面目标的达成，需要教师对小学、中学以至于现代数学中的相关领域做深入的了解和思考领悟，提高整体性的认识，达成发展性的教学效果。教师拥有了丰厚的数学知识，纯熟的教学技能以及掌握数学思想方法并养成应用习惯，将能够通过充分地挖掘、分析、处理教材得以彰显并传递给学生。

三、教师进行数学阅读，提升学科素养是解读教材准确教学的保障

数学教学明显有高低两种水平，低级的则强调介绍数学概念，陈述数学规则，展示解题的方式方法与套路，目标在于引导学生通过考试。而高级的数学教学着眼于学科知识背后的思想、方法，期待并追求引导学生在获得数学知识的同时进行深层次的数学思考，通过数学专业学习，使学生获得数学素养的提升。因此，应当提倡教师进行数学阅读，回到"数学是什么？""儿童是怎样理解数学的？"这样的本原性的追问上来。教师应当去尝试理解数学家是怎样思考和解读数学的，学生是怎样感知和学习数学的，数学在人类的历史上是如何演进与发展的，并进而把收获转化为自己的优质教学，提升课堂品质。有理由相信，随着新课程改革的进行，伴随着教材的不断修订，教师也会与时俱进，进一步深化对学科本体知识的认识，学会阅读，学会思考，带给学生们更数学化的课堂和学习。

（作者：卢声怡）